产业金融创新与变革

刘鹏飞◎著

中国计划出版社 中国市场出版社
China Market Press
·北京·

前言

PREFACE

实体经济普遍存在融资难的问题，特别是中小微企业[1]，刻板了若干年的信贷政策对真正有融资需求的中小微企业通常是一副“我和你们不是一个段位，有事不要找我！”的高冷，高冷到在后疫情时期，面对如此严峻的经济态势也不会微微弯下腰看看到底发生了什么。其实，我们国家还有一个“以满足生产者的融资需求为主要功能的金融体系”[2]，它就是大名鼎鼎的产业金融，这些年，它在哪儿呢？

对产业金融的再次关注，是因为不久前在上海参加的一次关于产业互联网的研讨会，与会的学者、企业家还有行业协会负责人绞尽脑汁，挖空心思地想怎么在这个疫情过后的经济低迷期，能为举步维艰的中小微企业做点什么。是的，国家有难，匹夫有责，大家怎会袖手旁观？研讨会的讨

[1] 企业划分为大型、中型、小型、微型四种类型，具体标准根据企业从业人员、营业收入、资产总额等指标，结合行业特点制定。各行业划分标准为：农、林、牧、渔业，营业收入20000万元以下的为中小微型企业；工业，从业人员1000人以下或营业收入40000万元以下的为中小微型企业；建筑业，营业收入80000万元以下或资产总额80000万元以下的为中小微型企业。截至2022年末，我国中小微企业数量已经超过了5200万户。

[2] 以满足生产者的融资需求为主要功能的金融体系称为“产业金融”，就是产业与金融的紧密融合，如科技金融、能源金融、交通金融、物流金融、环境金融等。

论很激烈。产业互联网的思路和设计都很好，但这么大的事怎么都离不开资本，没有强大的资本支持再伟大的设想都很难实现。我不禁感叹起来，难道一个行业、一个产业、一个国家的实体经济需要这些民间的力量独立完成吗？那个可以撬动无限量资金、动用无限量资本的产业金融在哪儿呢？出于一个知识分子的性情，回京后我开始了这个话题的思考，我的第一部专著《产业金融创新与变革》就这样诞生了。

不得不承认，产业金融在为实体经济提供金融服务上的确走过弯路，直到今天也还没走出这段弯路。由于和实体经济长期割裂，以实体经济为基础的产业金融并不掌握实体经济运行的规律。面对实体经济千差万别的行业和林林总总的经营活动，产业金融措手不及、不知所以然。加上单一僵化的风险防控完全不适应实体经济同样千差万别的融资需求，因此，在最初一段时间风风火火后，产业金融又退缩回传统的金融思维里，追求高回报去了。这也就是人们批评它“脱实向虚、以服务实体之名，行传统金融之实”的缘由吧。

然而，产业金融终究是要服务实体经济的。这是自它产生以来的使命定位，特别是在经济复苏、转型升级的新历史时期，国家需要产业金融发挥它应该发挥的作用了。

产业金融须回归实体思维，加快创新与变革，适应实体经济的需要，才是发展之道。为了让产业金融发挥最大的作用，社会需要塑造一个可以发挥其优势的生态系统，在这个闭合的生态系统中，监管机构、政府部门、实体经济、产业金融以及其他相关方以“为实体经济提供金融服务”为目的，相互依存、互相营养又相互影响。监管机构完善监管机制、政府部门提供服务管理、产业金融创新服务模式，变革运行规制为实体提供金融支持，实体经济只顾安心发展，发展和转型升级后的实体经济会产生新的融资需求和融资方式，推动产业金融的再次创新与变革。

我们把这个生态系统叫作产融生态，只有这样，中国实体经济的转型升级才有希望，产业金融才能真正成为实现经济可持续发展的重要力量。

本书立于本意，也是一种情怀，疫情后很多经济领域已经跌入谷底，在靠着韧性等着反弹的力量，在这个关键时刻，每个人都有责任贡献一份力量。

刘鹏飞

2024 年 3 月

目录

CONTENTS

第 2 章 产业金融面临的挑战和机遇

第 3 章 产业结构调整推动产业金融创新与变革

第 4 章 金融科技对产业金融的影响研究

第 5 章 政策对产业金融创新与变革的推动作用

第 8 章　互联网平台模式对产业金融的影响

第 10 章　产业金融创新与变革的国外实践

第 12 章 塑造产融生态：产业金融创新与变革的帕累托最优

01 第 1 章 中国产业金融发展概述

一、产业金融发展历程及主要金融工具

传统金融主要是指只具备存款、贷款和结算三大传统业务的金融活动，而产业金融是指为特定产业服务的金融活动的总称。

产业金融可从狭义和广义两个层次来理解。狭义的产业金融是在现代金融体系中能够有效促进特定产业发展的金融活动的总称。而广义的产业金融是指所有金融机构（如银行、证券、保险、基金、信托等）服务于不同产业的发展、满足产业的金融需求的总称，它涵盖了金融支持产业的所有领域，是一个非常庞大的服务体系，广义的产业金融反映了产业对金融服务的需求。

产业金融包括直接融资和间接融资两种方式。直接融资是指企业通过发行股票、债券等证券，向投资者直接募集资金。这样的融资方式可以帮助企业扩大规模、增加生产能力以及进行研发等活动，从而推动实体经济的发展。间接融资则是指企业通过银行贷款、信托等渠道获取资金。这些金融机构作为中介，将储户的存款或其他投资转化为对企业的贷款。通过间接融资，企业可以快速获取到所需的资金支持。

产业金融还包括为实体经济提供相关金融服务，如风险管理、支付结算、保险等。这些服务有助于提高企业运营效率和风险控制能力，进一步促进实体经济的稳定和可持续发展。它主要关注于为企业提供全方位的金融支持，包括投资、贷款、风险管理等多种服务，旨在促进产业升级、推动经济增长和创新。

我国的产业金融起源于20世纪80年代末的信托投资公司和90年代初期的证券公司。当时，由于国内市场经济改革的推进和对外开放政策的实

施，中国企业面临着巨大的挑战和机遇。为了适应市场竞争和满足企业资本需求，一些企业开始探索与银行等金融机构合作，寻求更多元化、专门化的金融服务。中国产业金融的发展正式拉开序幕。

1998 年，国务院批准设立的第一个以支持科技型中小企业为主要任务的风险投资基金——科学技术部创业投资基金，标志着中国产业金融进入了发展阶段。2000 年以后，随着信息技术的迅猛发展和互联网的普及，产业金融开始进一步向前发展。近些年，互联网金融平台应运而生，通过创新的商业模式和技术手段，为企业提供更便捷、高效的金融服务，成为金融服务的高级手段。政府也加大了对产业金融的支持力度，出台了一系列政策措施，鼓励银行、保险公司等传统金融机构与实体经济深度合作。产业金融作为一种确定投向的金融服务业态，主要通过提供特定的金融工具来满足企业在生产、经营、投资等方面的资金需求，主要金融工具介绍如下：

1.1 贷款

贷款是一种常见的产业金融工具，它指的是银行或其他金融机构向企业提供资金，以满足企业日常经营和发展所需。在现代商业环境中，贷款已成为许多企业获取资金的重要手段之一。

1.1.1 贷款的基本概念

贷款是指银行或其他金融机构向企业提供一定金额的资金，并按照约定的利率、期限和还款方式进行借贷活动。贷款可以分为短期贷款、中长期贷款和综合性贷款等不同类型，根据不同的需求和风险特征来选择适合的贷款方式。

1.1.2 贷款的作用与意义

首先，贷款可以帮助企业解决资金短缺问题，满足日常经营所需。其次，通过借入资金进行扩大生产、技术改造等投资活动，可以促进企业发展壮大。最后，适当使用贷款还能提高企业的资本结构，降低财务风险，增加经营灵活性。贷款是一种债权人不会过多影响债务人经营决策的融资行为，是最常见的一种融资方式。

1.1.3 贷款的申请审批流程

企业在申请贷款时需要按照一定的程序进行，以确保贷款能够顺利获得。通常情况下，企业需要向银行或金融机构提交贷款申请书，并提供相关证明材料、财务报表等。银行会根据申请人的信用状况、还款能力和担保条件等因素来评估贷款申请，并进行审批。通过审批后，签订借款合同，并按约定的期限和方式进行资金划拨和还款。

1.1.4 贷款利率与还款方式

贷款利率是指银行或金融机构对所借资金收取的费用，通常以年利率形式表示。通常来讲，不同类型的贷款利率计算方法和基准利率不同，其还款方式也有多种选择，包括等额本息、等额本金、按季付息等。企业在选择贷款时应根据自身情况和偿还能力来确定最适合的利率和还款方式。

1.1.5 贷款风险及防范措施

贷款涉及一定的风险，包括信用风险、利率风险和流动性风险等。企业在借贷过程中需要注意审慎抉择，要理性科学评估自身还款能力，并采取措施来防范贷款风险。

1.2 股权融资

股权融资是一种常见的产业金融工具，它指的是企业通过发行股票或引入投资者来获取资本，并与投资者共享企业收益。在这个过程中，企业会向投资者出售一定比例的股份，并与投资者签订相应的合约来确保双方的权益和利益。通过这种方式，企业可以快速获得大量资本，以支持其业务扩张、研发创新等方面的需求。

1.2.1 股权融资特点

首先，它是一种长期性融资方式，因为投资者购买了企业的股份后，在一定时间内往往无法立即转售。其次，股权融资具有较高的风险和回报性。由于投资者成为企业的股东，他们将分享企业未来收益和增值潜力，但同时也需要承担相关风险。最后，在进行股权融资时，企业的所有权结构可能发生变化，这可能会对企业的治理结构和经营决策产生影响。

1.2.2 在实践中，股权融资被广泛应用于不同行业和企业

对于初创企业而言，股权融资是一种重要的融资方式，能够帮助它们快速获得所需的启动资金，并吸引更多的投资者关注。同时，对于成熟企业而言，股权融资可以为其扩大规模、进行重大投资、并购等提供支持。此外，在某些情况下，上市公司也可以通过向公众发行股票来进行股权融资，以进一步提高知名度和品牌价值。

1.3 债券发行

债券发行是企业、政府或其他机构通过发行债券来筹集资金的过程。债券是一种固定收益证券，发行者向投资者承诺在一定期限内支付利息，并在到期时偿还本金。

1.3.1 债券的定义和基本特点

债券是一种固定收益证券，代表了借款人对投资者支付利息和偿还本金的承诺。它通常具有以下基本特点：固定利率、有限期限、面值和票面利息。

1.3.2 发行主体

债券可以由企业或政府机构作为发行主体。企业债通常由公司发行，用于筹集资金以支持其运营活动、扩大规模或进行投资项目。政府债务则由政府机构发行，用于满足财政需求、进行公共项目建设等。

1.3.3 发行流程

债券发行涉及多个环节，包括确定发行计划、申请备案、募集认购、承销商选择和签署合同等步骤。首先，发行主体需要制订详细的发行计划，并提交给相关监管机构进行备案。然后，发行主体通过公开招标等方式选择承销商，并签署合同以确保债券发行的顺利进行。接下来，发行主体会根据市场需求和定价策略确定债券的面值、利率和到期日等关键参数。最后，承销商负责在市场上推广债券并认购。

1.3.4 债券评级

在债券发行过程中，评级机构会对债券进行评级。评级是对债券信用风险的量化评估，通常采用字母等级系统表示（如 AAA、AA、A 等）。评级结果将直接影响债券的价格和投资者的购买意愿。

1.3.5 发行方式

债券可以通过不同的方式发行，包括公开发行和私募发行。公开发行是指向大众投资者公开出售债券，通常通过证券交易所或银行渠道进行。私募发行则是针对特定投资者进行的非公开销售。

1.3.6 债券交易与偿还

一旦债券成功发行，它们将在二级市场上进行交易。投资者可以通过买入和卖出债券来获得收益或转让权益。同时，发行主体也需要按照约定的条件和期限支付利息和偿还本金。

1.4 租赁融资

租赁融资是一种常见的产业金融工具，它为企业提供了一种灵活的资金筹集方式。租赁融资通常适用于需要使用设备、机械或车辆等固定资产的企业，可以帮助企业解决购买固定资产所需的高昂成本和长期投入的问题。

1.4.1 租赁融资的基本原理

租赁融资是指企业通过与金融机构签订租赁合同，将所需的设备或其他固定资产以租赁形式从金融机构处取得，并按约定期限和金额支付租金。在合同到期后，企业可以选择购买该资产、续签租约或者将其归还给出租方。

1.4.2 租赁融资的优势

（1）降低成本。相比于直接购买固定资产，租赁融资可以减轻企业财务压力，因为企业无须一次性支付高额购买费用，而是按照分期付款方式支付租金。

（2）灵活性高。租赁融资允许企业根据实际需求选择不同期限和金额的租赁合同，根据经营状况进行调整，灵活应对市场变化。

（3）保护资产价值。租赁融资可以确保企业在使用固定资产期间享有相应的权益，同时也减少了由于技术更新导致的资产陈旧和折旧损失。

1.4.3 租赁融资的适用对象

租赁融资适用于各类企业，尤其是那些需要大量使用设备或机械的制造业、运输业等行业。例如，一家新创办的制造企业可能无法承担高昂的设备购买成本，但通过租赁融资可以快速获取所需设备并开始生产。

1.4.4 租赁融资的注意事项

（1）合同条款。企业在签订租赁合同时应仔细审查合同条款，包括租金支付方式、维修责任、违约责任等内容，并确保自身利益不受损害。

（2）成本计算。企业在选择租赁融资时要全面考虑成本因素，包括租金、维护费用以及可能存在的提前还款费用等，并与其他筹资方式进行比较分析，选择最适合自己的融资方式。

1.5 信用证

信用证是一种常见的产业金融工具，它在国际贸易中扮演着重要的角色。下面详细介绍信用证的定义、特点、使用流程以及其在现代贸易中的作用。

1.5.1 信用证的定义和特点

信用证是银行为了保障出口商和进口商之间交易安全而提供的一种担保机制。它是出口商向银行申请，由银行发给进口商的一份文件，其承诺按照合同规定，在一定条件下支付货款或承兑汇票。信用证通常包括开证行、受益人（出口商）、通知行（如果有）、付款行和期限等要素。主要特点如下：

（1）可靠性：信用证由银行作为第三方担保，使得交易双方都能够放心地进行合作。

（2）独立性：信用证与买卖合同相互独立，即使买卖双方之间发生纠纷，也不会影响到信用证的效力。

（3）标准化：国际上通行的信用证规则主要有统一惯例和《国际货物销售合同》等，使用者可以依据这些规则进行操作。

1.5.2 信用证的使用流程

第一步：合同签订。买卖双方根据交易需求签订购销合同，并约定使用信用证作为支付方式。

第二步：开证申请。出口商向银行提出开立信用证的申请，提供必要的文件和信息，包括合同、发票、装运单据等。

第三步：开证行审核。开证行对申请进行审核，并核实相关资料的真实性和准确性。

第四步：开证行发证。开证行根据申请人的要求，发出信用证通知给受益人（出口商）和通知行（如果有）。

第五步：货物装运。出口商按照合同要求将货物装船，并办理相应的单据手续。

第六步：付款或承兑。受益人根据信用证规定提交装运单据给付款行，付款行确认文件符合条件后，按照信用证规定进行付款或承兑汇票。

1.5.3 信用证在现代贸易中的作用

一是提供安全保障。通过银行的担保，有效降低了交易风险，保障了买卖双方的利益。二是促进贸易发展。信用证提供了一种灵活、便捷的支付方式，加快了资金流动和货物流通速度，促进了贸易的发展。三是支持融资需求。买卖双方可以利用信用证作为融资工具，通过抵押信用证获得银行贷款，满足资金需求。

1.6 保理

在产业金融工具中，保理是一种常见的融资方式。它是指企业将其应收账款出售给专门从事保理业务的金融机构（保理公司或银行），以换取即时资金支持。

1.6.1 保理的基本原理

保理的基本原理是通过将应收账款转让给保理机构来获取资金。企业将其已经发生但尚未收回的应收账款卖给保理公司，而后者会向企业提供相应的资金。这样，企业可以立即获得现金流入，而无须等待客户付款。

1.6.2 保理的类型

保理通常分为明保和暗保。明保是指企业将全部或部分应收账款转让给保理公司，并由后者负责催收和管理。在这种情况下，客户知道债权已被转让给了保理公司，并直接向其支付欠款；暗保是指企业仅将应收账款作为抵押物提供给了保理公司，但仍然自己进行催收和管理。在这种情况下，客户并不知道债权已被抵押，继续向企业支付欠款。

1.6.3 保理的优势

使用保理作为融资工具有以下几点优势。

（1）提高现金流。通过将应收账款转让给保理公司，企业可以迅速获得现金流入，提高企业的资金周转效率。这对于需要大量流动资金支持的企业尤其重要。

（2）分散风险。保理公司通常会进行严格的客户信用评估，以降低债务违约风险。此外，由于保理公司承担了催收和管理的责任，企业也可以减少与客户付款相关的风险。

（3）专业服务。保理公司拥有丰富的经验和专业知识，能够提供全方位的催收、管理和风险控制服务。这使得企业可以将更多精力集中在核心业务上，而无须过多关注应收账款事务。

1.7 项目融资

在产业金融中，项目融资是一种常见的融资方式，特别适用于需要大量资金支持的实体项目。项目融资通常指的是企业或个人通过向投资者或金融机构申请贷款或发行债券等方式，筹集所需资金以支持特定项目的实施和运营。

1.7.1 项目融资的基本概念

项目融资是指企业或个人为了实施某个具体项目而进行的融资活动。这种方式与传统的企业整体融资不同，它更加注重对特定项目的评估和风险控制。在进行项目融资时，借款方通常需要向投资者提供详细的项目计划、预测收益、风险评估以及还款能力等信息，以便投资者能够做出明智的决策。

1.7.2 项目融资的主要方式

在项目融资中，有多种主要方式可供选择。以下是几种常见的形式：

（1）银行贷款。银行贷款是最传统也是最常见的一种融资方式。借款人可以根据自身信用状况向银行申请贷款，以满足项目所需的资金。通常情况下，借款人需要提供抵押品或担保物来减少银行的风险。利率和还款期限将根据借款人的信用评级和具体项目情况进行确定。

（2）债券发行。债券发行是一种通过市场向投资者筹集资金的方式。企业或政府可以发行债券，即向投资者出售债务证券，并承诺在一定期限内按照约定支付利息和本金。债券通常由信用评级机构评估风险等级，并根据借款人信用状况和市场需求确定利率。

（3）私募股权融资。私募股权融资是指企业通过非公开方式向特定投资者出售股权以筹集资金。这种融资方式常见于初创企业或高成长潜力企业，其目的是吸引战略性投资者或风险投资基金对项目进行支持。投资者通常会购买公司的股份，并在未来获得相应收益。

1.7.3 项目融资的优势和风险

项目融资作为一种专门针对特定项目的融资方式，具有以下优势：首先，项目融资可以提供大额资金支持，帮助企业或个人实施更加庞大的项目。这种方式相对于传统的整体融资更为灵活，借款方可以根据项目需要筹集所需金额。其次，项目融资通常会要求借款方提供详细的项目计划和预测收益等信息，这有助于投资者进行风险评估和决策。同时，对于借款方来说，也能够通过与投资者的交流和合作获取专业意见和资源支持。

然而，在进行项目融资时也存在一定的风险：首先，由于项目融资通常需要提供较为详细的信息和计划，可能会导致商业机密泄露或竞争对手模仿。因此，在选择投资者或金融机构时需要谨慎，并签署相关保密协议。其次，如果项目无法按照预期顺利进行或达到预期收益水平，则可能无法按时偿还贷款或支付利息。因此，在进行项目融资前应充分评估风险，并制定应对措施。

1.8 科技创新投资

科技创新投资是一种特殊的产业金融工具，它通过提供资金和资源支持，促进科技企业的研发和创新活动。在当今快速变化的科技领域中，科技创新投资对于推动经济增长和社会进步至关重要。

1.8.1 投资策略与目标

科技创新投资的核心是找到有潜力、有竞争力的科技企业，并为其提供必要的资金和支持。在选择投资项目时，投资者通常会考虑以下几个因素。

首先，投资者会关注企业所处的行业领域。他们希望找到那些处于高增长、高利润潜力行业中的企业，如人工智能、生物医药、新能源等。这些行业往往具有较高的市场需求和竞争优势，有望取得长期稳定的回报。其次，投资者会评估企业团队的实力和执行能力。他们希望看到一个经验丰富、专业化并充满激情的团队，在面对市场挑战时能够灵活应对，并推动公司不断创新。最后，投资者还会关注企业的研发能力和技术壁垒。科技创新需要强大的研发实力和先进的技术支持，只有具备核心竞争力的企业才能在激烈的市场竞争中脱颖而出。

1.8.2 投资流程与方法

科技创新投资通常分为三个阶段，即初创期投资、成长期投资和退出期投资。在初创期投资阶段，投资者通常会通过天使投资、风险投资或孵化器等方式，为初创科技企业提供种子资金和商业指导。这一阶段的目标是帮助企业验证商业模式、完善产品，并建立起稳定的团队。随着企业不断成长和发展，它们可能需要更多的资金来扩大规模、推广市场。在成长期投资阶段，风险投资基金、私募股权基金等机构将扮演重要角色。它们会进行深入尽职调查，以评估企业的潜力和风险，并提供相应的融资方案。最终，在退出期投资阶段，科技创新投资者会通过 IPO[1]、并购或股权转让等方式，将它们在企业中的投资变现。这是科技创新投资的最终目标，也是投资者获取回报的时机。

1.8.3 风险与回报

科技创新投资具有较高的风险和回报特性。由于科技行业的不确定性和竞争激烈性，投资者需要面对一系列的风险因素，如技术失败、市场波动、政策变化等。

然而，成功的科技创新投资也可以带来巨大的回报。一些知名的科技企业通过持续创新和发展，在短时间内取得了惊人的增长，并为投资者带来丰厚利润。同时，科技创新也可以推动整个产业链的升级和发展，促进

---

[1] 首次公开募股（Initial Public Offering）是指一家企业第一次将它的股份向公众出售。通常，上市公司的股份是根据证监会出具的招股书或登记声明中约定的条款通过经纪商或做市商进行销售。一般来说，一旦首次公开上市完成后，这家公司就可以申请到证券交易所或报价系统挂牌交易。有限责任公司在申请 IPO 之前，应先变更为股份有限公司。

经济增长和社会进步。

1.9 资产证券化

资产证券化是一种常见的产业金融工具，它将不动产、应收账款、债务等各类资产转化为可交易的证券，通过发行和销售这些证券来筹集资金。这一工具在过去几十年里得到了广泛应用，并在全球范围内取得了显著的成功。

1.9.1 资产证券化的基本原理

资产证券化的基本原理是将一组相似类型的资产打包成一个特殊目的实体（SPV），然后将该实体拆分为不同等级的证券，供投资者购买。通常情况下，较高级别的证券享有优先偿付权，而较低级别的证券则承担更高风险。这样一来，投资者可以根据自身风险偏好选择适合自己的证券产品。

1.9.2 资产证券化的优势

资产证券化有许多优势。首先，它提供了一种多元化投资机会，使得投资者能够间接参与那些他们通常难以接触到或无法轻松投资的市场。其次，通过将资产转移给 SPV，资产证券化可以帮助原始持有人转移风险。最后，它还能够提高资本效率，将不动产或其他资产变现，从而为企业筹集更多的资金。

1.9.3 资产证券化的应用领域

资产证券化在许多不同的行业和领域中得到了广泛应用。其中最常见的是房地产抵押贷款证券化（RMBS）和汽车贷款证券化（ABS）。通过将房屋贷款或汽车贷款打包成证券，银行可以将这些债权转移给投资者，并获得新的资金来继续发放更多的贷款。此外，其他应用领域还包括学生贷款、信用卡债务以及商业债务等。

1.9.4 资产证券化的挑战

尽管资产证券化具有很多优势，但也面临一些挑战。首先是信息不对称问题，即投资者难以获得关于被打包的资产的充分信息。这可能导致投资者无法准确评估风险，并增加了市场不确定性。其次是市场流动性问题，在某些情况下，由于市场需求不足或其他原因，证券可能难以交易。最后，资产证券化也面临监管和法律风险，需要遵守一系列的规定和要求。

1.10 科技保险

科技保险是一种针对科技行业特定风险的保险产品。随着科技行业的快速发展和创新活动的增加，科技公司面临着独特而复杂的风险。科技保险旨在帮助科技公司减轻这些风险所带来的损失，并为其提供全面的保护。

1.10.1 理解科技保险

科技保险是一种专门为科技公司量身定制的保险产品，旨在覆盖与科技创新相关的各种风险。这些风险可能包括知识产权侵权、数据泄露、网络攻击、产品责任等。科技保险可以提供财产损失赔偿、法律费用支持、公关危机管理等多方面的保护。

1.10.2 科技保险的重要性

对于科技公司来说，由于其创新性和高度竞争性，科技行业常常面临许多不确定因素和潜在风险，风险管理至关重要。一旦发生意外事件或事故，可能会导致巨大经济损失甚至破产倒闭。因此，拥有适当的科技保险是确保企业可持续发展的关键。

1.10.3 科技保险的覆盖范围

科技保险可以根据不同的需求和风险状况进行定制。常见的科技保险覆盖范围包括但不限于以下几个方面：

（1）知识产权侵权保险：覆盖因知识产权侵权行为而引起的法律诉讼费用、损失赔偿等。

（2）数据泄露与网络安全保险：针对数据泄露、黑客攻击、网络犯罪等风险提供赔偿和支持，包括调查费用、恢复数据费用等。

（3）产品责任保险：覆盖由于产品质量问题导致第三方人身伤害或财产损失所产生的赔偿责任。

（4）商业中断保险：在业务中断或无法正常运营时，提供收入损失赔偿以及额外开支支持。

（5）公司财产保险：针对公司设备、办公场所等物质资产进行损失赔偿，例如火灾、水灾等意外事件。

1.10.4 如何选择科技保险

选择适合的科技保险需要综合考虑公司的特定需求、风险状况以及保险公司的专业能力。选择科技保险的关键因素如下：

（1）风险评估：对科技公司进行全面风险评估，确定主要风险和潜在损失。

（2）保费和赔偿额度：与不同保险公司进行比较，确保获得适当的保费和足够的赔偿额度。

（3）条款和细则：仔细阅读并理解保单中的条款和细则，确保所购买的科技保险覆盖到关键风险，并了解免责条款等限制。

（4）专业支持：选择有经验和专业知识的保险代理人或经纪人，帮助您评估风险、选择合适的科技保险。

1.11 项目股权投资基金

项目股权投资基金是一种常见的产业金融工具，下面详细介绍项目股权投资基金的定义、特点、运作模式以及在实践中的应用。

1.11.1 项目股权投资基金的定义

项目股权投资基金是一种通过向企业提供资金以换取其部分所有权，从而参与企业决策和利润分享的投融资工具。该基金通常由多个投资者组成，旨在支持创新型、高增长潜力的项目，并期望通过对企业进行战略性指导和资源整合，实现共同成长。

1.11.2 项目股权投资基金的特点

（1）长期性：相比于其他短期性投融资工具，如债券或贷款，项目股权投资基金通常具有较长的持有期限。这是因为该基金通常需要时间来实现对企业战略方向和经营管理的影响。

（2）风险与回报共享：作为部分所有者，项目股权投资基金承担了与企业经营风险相关联的风险。然而，与之相对应的是，投资者有机会分享企业未来增长所带来的回报。

（3）战略支持：除了提供资金，项目股权投资基金可以通过参与企业决策、提供行业经验和资源整合等方式，为企业提供战略性支持。

1.11.3 项目股权投资基金的运作模式

（1）募集阶段：项目股权投资基金在开始运作前需要进行募集。通常情况下，基金管理公司会与潜在投资者进行洽谈，并根据基金的规模和目标制定相关方案。

（2）决策过程：一旦募集到足够的资金，基金管理公司将会评估并选择适合投资的项目。这个过程通常包括对企业的商业模式、市场潜力以及团队背景等方面进行全面分析和尽职调查。

（3）投后管理：一旦项目被选中并获得投资，基金管理公司将积极参与企业发展过程中的战略决策，并提供必要的资源和支持。同时，它们也会监督企业绩效，并协助解决可能出现的问题。

1.11.4 项目股权投资基金在实践中的应用

项目股权投资基金在实践中广泛应用于各个行业和领域。特别是在创新型企业、科技公司和初创企业中，该基金作为一种重要的融资工具发挥着关键作用。通过与企业紧密合作，项目股权投资基金可以提供所需的资本、资源和战略指导，帮助企业实现快速增长和市场竞争力。

1.12 地方政府债券

地方政府债券是指由各级地方政府或其授权机构以法定形式发行并承担偿还责任的债务凭证，用于筹集资金以支持地方经济发展和基础设施建设等重大项目。它们通常被认为是一种安全性较高、收益稳定的投资品种，因为地方政府作为主体具备较高的信用评级。下面介绍地方政府债券的定义、特点、分类以及其在经济中的作用。

1.12.1 地方政府债券的特点

（1）安全性：地方政府债券以地方政府信用为支撑，通常具有较高的安全性。这是因为中央政府在必要时会提供支持，确保偿付能力。

（2）期限多样化：地方政府债券可根据项目需要和市场需求设置不同期限，包括短期、中期和长期等多种选择。

（3）利率稳定：地方政府债券通常采用固定利率或浮动利率，这使得投资者可以根据自身需求选择适合的产品。

（4）税收优惠：一些地方政府债券可能享受特殊税收政策，如免征个人所得税等。

1.12.2 地方政府债券的分类

根据不同的发行主体和用途，地方政府债券可分为以下几类：

（1）一般债券。由地方政府发行，主要用于基础设施建设、公共服务等领域。

（2）专项债券。由地方政府发行，用于特定项目或产业发展，如环保工程、教育事业等。

（3）融资平台债券。由地方政府授权机构或财政担保公司发行，用于支持企业融资需求。

1.12.3 地方政府债券在经济中的作用

（1）筹集资金。地方政府债券是地方政府筹集资金的重要手段之一。通过发行债券，地方政府可以快速获取大量资金，并将其投入经济建设和社会事业中。

（2）促进投资。地方政府债券的发行可以吸引大量投资者参与，增加投资市场活力。同时，这也为投资者提供了多样化的投资选择。

（3）推动经济发展。地方政府债券的资金主要用于基础设施建设、公共服务等领域，这对于促进经济发展和改善民生具有重要意义。

（4）优化财政结构。地方政府债券的发行可以优化财政结构，降低直接依赖财政预算的压力，减轻政府举债压力。

1.13 小微企业贷款

小微企业贷款是指银行或其他金融机构向符合小微企业定义标准的借款人提供的一种专门针对此类企业的融资服务。

1.13.1 优势

小微企业贷款的许多优势使得它成为一种重要的产业金融工具。首先，这类贷款可以满足小微企业快速发展所需的资金需求。其次，相比传统商业贷款，小微企业贷款审批流程相对简化、时间更短。最后，小微企业贷款在利率方面也相对较低，使得小微企业更容易获得贷款。

1.13.2 申请流程

小微企业贷款的申请流程通常包括以下几个步骤。首先，借款人需要准备相关材料，如企业营业执照、法人身份证明、财务报表等。其次，借款人可以选择合适的金融机构进行咨询和申请。在提交申请后，金融机构会对借款人的信用状况、还款能力等进行评估，并根据评估结果决定是否批准贷款申请。最后，一旦贷款被批准，借款人就可以按照协议约定的方式和期限进行还款。

1.13.3 风险与监管

尽管小微企业贷款有诸多优势，但也存在一些风险。首先，由于小微企业的特点，其风险较高，金融机构需要加强对借款人的审查和风险控制。其次，在利率设定方面也需要合理把握，以确保金融机构和借款人之间的利益平衡。最后，政府也应加强对小微企业贷款市场的监管，促进合规经营和风险防范。

1.13.4 发展趋势

随着我国政府对小微企业的支持力度增加，小微企业贷款市场将继续迎来更多发展机遇。未来有望看到更多金融机构推出创新的小微企业贷款产品，并通过科技手段提高贷款审批效率和风控能力。

1.14 科技创新债券

科技创新债券是一种特殊类型的债券，旨在为科技领域的企业提供融资支持。它是产业金融工具中的一种，以促进科技创新和推动经济发展为目标，旨在满足科技领域企业对于资金的需求，并通过提供相对较低的利率吸引投资者参与。这些债券通常由政府或相关机构发行，通过募集资金来支持科技企业进行研发、创新和扩大生产规模。

1.14.1 科技创新债券的特点

（1）政策支持。政府通常会制定相关政策来支持科技领域的发展，并通过发行科技创新债券来落实这些政策。

（2）低利率。为了吸引更多投资者参与，科技创新债通常具有较低的利率水平，降低了企业融资成本。

（3）长期期限。考虑到科技项目研发周期较长、回报时间较晚的特点，科技创新债券往往具有较长的期限，以满足企业的资金需求。

（4）风险共担。科技创新债券通常要求企业提供一定比例的风险投资，以保证企业对于项目的投入和承诺。

1.14.2 科技创新债券的优势

科技创新债券作为一种产业金融工具，在推动科技领域发展方面具有以下优势：

（1）提供稳定资金来源。科技企业通常需要大量资金用于研发、设备购置等方面，而科技创新债提供了一个稳定的资金来源，帮助企业解决融资难题。

（2）降低融资成本。相对于其他融资渠道，科技创新债通常利率较低，能够降低企业的融资成本。

（3）支持科技研发和创新。通过为科技企业提供融资支持，科技创新债能够促进科技领域的研发和创新动力，并推动经济发展。

1.14.3 申请或投资科技创新债的注意事项

（1）掌握项目可行性。科技创新债通常要求企业提供项目的可行性研究报告，投资者需要仔细评估项目的风险和回报。

（2）分析市场前景。投资者需要对科技领域的市场前景进行充分了解，并根据自身风险承受能力做出决策。

（3）关注政策动态。政府相关政策对于科技创新债的发行和利率水平有重要影响，投资者需要关注政策动态。

1.15 风险投资基金

风险投资基金是一种常见的产业金融工具，它在创业和成长阶段的企业中发挥着重要的作用。下面详细介绍风险投资基金的定义、特点、运作方式以及对企业和经济的影响。

1.15.1 风险投资基金的定义

风险投资基金是由机构或个人成立，专门用于向高风险、高增长潜力的企业提供股权投资的基金。这些基金通过购买或认购公司股票，成为其股东，并通过参与管理和战略决策来支持被投企业实现快速发展。

1.15.2 风险投资基金的特点

（1）高风险。风险投资基金主要关注初创企业或成长期企业，这些企业存在较高的失败率和不确定性。

（2）长期性。风险投资通常需要持有时间较长，因为初创企业需要时间来实现盈利。

（3）股权投资。风险投资基金通过购买或认购公司股票来获取回报，并参与企业决策。

（4）专业化管理。由于涉及复杂的风险投资决策和管理，风险投资基金通常由专业团队进行管理。

1.15.3 风险投资基金的运作方式

（1）募集阶段。风险投资基金通过向投资者募集资金来形成基金规模。

（2）投资决策。基金经理通过评估潜在企业的商业模式、市场前景和管理团队等因素，进行投资决策。

（3）股权退出。当被投企业取得成功并上市或被收购时，风险投资基金可以通过出售其所持有的股权获得回报。

1.15.4 风险投资基金对企业和经济的影响

（1）提供资金支持。风险投资基金为初创企业提供了无法获得传统银行贷款的风险投资，帮助其启动和扩展业务。

（2）促进创新。风险投资基金鼓励创新，并为具有高增长潜力的企业提供资源和支持，推动产业升级和技术创新。

（3）带来就业机会。由于初创企业的快速发展，风险投资基金能够创造更多就业机会，并促进经济增长。

（4）加速企业成长。风险投资基金不仅提供资金支持，还通过战略指导和行业资源的引入，帮助企业快速成长。

1.16 外汇保证金交易

外汇保证金交易是一种常见的产业金融工具，它允许投资者以较少的资金参与外汇市场，并通过杠杆放大其盈利能力。

1.16.1 定义

外汇保证金交易又称为外汇杠杆交易或者外汇差价合约（CFD）交易，是指投资者通过借入资本来进行货币对的买卖。投资者只需支付一小部分资金作为保证金，就可以控制更大金额的资产。这种方式使得投资者能够在市场波动中获得更高的回报。

1.16.2 特点

外汇保证金交易具有以下几个特点：

（1）杠杆效应。投资者只需支付一小部分资金作为保证金，即可控制更大金额的头寸。这种杠杆效应可以放大盈利空间，但同时也增加了风险。

（2）24小时市场。外汇市场是一个全球性市场，24小时不间断运营。这意味着投资者可以在任何时间进行交易，并且能够快速对市场变化做出反应。

（3）流动性强。外汇市场是全球最大、最具流动性的金融市场之一，交易量庞大，投资者可以快速买卖货币对，实现灵活的交易策略。

1.16.3 优势

外汇保证金交易相比于传统的股票和期货交易具有以下几个优势：

（1）杠杆放大盈利。通过杠杆效应，投资者可以用较少的资金参与更大规模的交易，从而放大盈利空间。

（2）双向交易机会。在外汇保证金交易中，不仅可以通过买入货币对赚取涨价差价，可以通过卖出货币对赚取跌价差价。这使得投资者能够在行情上涨或下跌时都有机会获利。

（3）灵活多样的交易品种。外汇市场提供了众多货币对供投资者选择，不同货币对具有不同的特点和波动性，投资者可以根据自己的分析和判断选择合适的交易品种。

1.16.4 风险

尽管外汇保证金交易有诸多优势，但也存在一定风险。

（1）杠杆风险。由于杠杆效应，投资者的盈利空间被放大，但同时也增加了亏损的风险。如果市场行情不利，投资者可能会面临较大的亏损甚至爆仓风险。

（2）市场波动风险。外汇市场价格波动频繁，受到诸多因素影响，包括经济数据、政治事件、国际贸易等。这些波动可能导致投资者无法按照预期获利或承担更大的亏损。

（3）操作风险。外汇保证金交易需要技术分析和市场判断能力，如果投资者缺乏相关知识和经验，可能会做出错误决策导致亏损。

1.16.5 操作流程和注意事项

在进行外汇保证金交易时，投资者应注意以下几点。

（1）学习和了解基础知识。投资者应该学习外汇市场的基本知识、技术分析方法和相关政策规定，并持续更新自己的知识。

（2）制订合理的交易计划。投资者应根据自己的风险承受能力、目标收益和时间安排制订合理的交易计划，并严格执行。

（3）控制风险和设置止损。投资者应设定合理的止盈和止损点位，控制风险，并避免情绪化交易。

（4）多样化投资组合。投资者可以通过选择不同的货币对、时间周期和交易策略来实现投资组合的多样化，分散风险。

1.17 供应链金融

供应链金融是一种以供应链为基础的金融工具，旨在解决供应链上的资金流动问题。它通过将金融服务与供应链管理相结合，为企业提供全方位的资金支持和风险管理。供应链金融是指通过整合和优化整个供应链中各个环节的资金需求和资金供给，提供资金支持、风险管理和增值服务的一种综合性金融工具。它涵盖了从原材料采购到生产加工、物流配送以及最终销售等环节中所需的各类资金。

1.17.1 主要特点

（1）多方参与。供应链金融需要多个参与方之间的协同合作，包括企业、银行、物流公司等。

（2）共享信息。通过建立信息共享平台，实现各个环节之间的信息透明和实时监控。

（3）较为灵活。根据不同企业的需求，供应链金融可以提供多样化的产品和服务。

（4）风险控制。通过对整个供应链进行风险评估和控制，减少交易风险。

1.17.2 主要功能

（1）应收账款融资。将企业的应收账款转让给金融机构，提前获取资金。

（2）采购融资。为企业提供采购资金支持，确保供应链上下游的稳定运作。

（3）库存融资。通过将库存进行质押或抵押，为企业提供流动性支持。

（4）物流金融。为物流公司提供资金支持，优化物流运营效率。

1.17.3 优势与挑战

（1）优势。一是提高资金周转率。供应链金融可以减少企业在供应链中的现金占用，提高资金周转效率。二是降低融资成本。通过整合各个环节的信息和资源，降低了融资成本。三是降低风险。通过对整个供应链进行风险管理，减少了交易风险和信用风险。

(2) 挑战。一是信息不对称。不同参与方之间信息共享存在障碍，导致信息不对称问题。二是风控难度大。由于涉及多个环节和参与方，风控难度较大。三是缺乏标准化服务。目前供应链金融市场缺乏统一的标准和规范，导致服务质量参差不齐。

1.17.4 发展趋势

(1) 技术驱动。随着信息技术的发展，供应链金融将更加依赖大数据、人工智能等技术手段。

(2) 创新产品。不断推出适应企业需求的创新产品和服务，提升供应链金融的市场竞争力。

(3) 政策支持。政府将加大对供应链金融的支持力度，推动其健康发展。

(4) 国际合作。通过国际合作，促进跨境供应链金融服务的发展。

1.18 私募股权投资

私募股权投资（Private Equity，简称 PE）是一种重要的产业金融工具，它在企业发展和资本市场中扮演着重要的角色。

1.18.1 定义与特点

私募股权投资是指通过向非上市公司或未上市部分股权进行投资，获得该公司所有者或管理层授予的股权，并通过持有、管理和退出这些股权来实现收益的一种投资方式。相较于公开市场的证券交易，私募股权投资更加注重长期价值创造，并且通常需要较长时间才能实现投资回报。私募股权投资具有以下几个特点。

(1) 高风险高回报。由于非上市公司信息不透明、流动性差等因素，私募股权投资风险较高，但也有潜在较高的回报。

（2）长期投资。与短期交易相比，私募股权投资更注重长期价值创造，并通常需要数年甚至更长时间才能实现退出。

（3）股权参与。私募股权投资者不仅提供资金支持，还会参与公司的经营管理，并通过获得股权来分享公司成长带来的价值。

1.18.2 运作方式

私募股权投资的运作方式主要包括募集资金、寻找投资机会、进行尽职调查、投资决策、管理和退出等环节。首先，私募股权基金会通过向有潜力的投资者发行基金份额来募集资金。这些基金可以由各类机构和个人参与，例如大型投资银行、保险公司、养老基金以及高净值个人等。其次，基金管理人将寻找具有成长潜力和投资价值的非上市企业或项目，并进行尽职调查，评估其商业模式、财务状况以及发展前景等方面的风险和收益。然后，在确认了合适的投资机会后，基金管理人会与被投企业或项目达成协议，并出具详细的交易文件。这些文件通常包括股权转让协议、股东协议以及退出计划等内容。在完成对被投企业或项目的投资之后，私募股权基金管理人通常会积极参与企业的经营管理，提供战略咨询、人才引进、市场拓展等方面的支持。最后，在一定的投资期限内，私募股权基金管理人会寻找合适的时机退出投资，并通过出售股权或公司上市来实现投资回报。

1.18.3 对企业和经济的影响

私募股权投资在企业和经济发展中具有重要的影响。

首先，私募股权投资为非上市企业提供了融资渠道。相较于传统融资方式，私募股权投资更加注重长期价值创造，为非上市企业提供了更为灵活和有针对性的融资解决方案。

其次，私募股权投资者通常会积极参与被投资企业的经营管理，提供专业知识和资源支持，促进企业发展。这种参与式管理可以帮助企业改善运营效率、优化组织结构，并推动创新和技术升级。

最后，私募股权投资也有助于优化资源配置和产业结构调整。通过对产业链不同环节进行投资，私募股权可以促进资源流动和优化配置，推动经济结构的升级和转型。

1.19 债务重组

债务重组是产业金融领域中一种常见的手段，用于解决企业面临的财务困境和债务压力。债务重组是指企业与其债权人之间重新协商和调整债务条件、还款计划或利率等方面的安排，旨在减轻企业的负债压力，改善其财务状况。这种重组可以通过多种方式实现，如延长还款期限、降低利率、减少本金等。

1.19.1 债务重组的原因

企业进行债务重组通常有以下几种原因：

（1）财务困境。企业可能由于市场变化、经营不善或其他原因导致的资金流问题，难以按时偿还债务。

（2）高息负担。某些高息贷款可能会给企业带来沉重的还款压力，影响日常经营活动。

（3）资本结构调整。为了优化公司资本结构、降低杠杆水平或进行战略转型，企业可能需要进行债务重组。

1.19.2 债务重组的方式

债务重组可以采取多种方式，具体取决于企业和债权人之间的协商。以下是一些常见的债务重组方式：一是延长还款期限，将原有贷款的还款期限延长，从而减少每期应付的本息金额，给企业提供更多时间来偿还债务；二是降低利率，通过与债权人协商，在原有贷款利率基础上降低利率，从而减少企业每期应付的利息费用；三是减免本金，在某些情况下，企业可能与债权人达成协议，部分减免或延迟偿还贷款本金；四是债转股，将一部分债务转换为股权，在实现债务清偿的同时增加企业资本结构中的股东权益。

1.19.3 注意事项

在进行债务重组时，企业需要注意以下几点。一是与债权人保持沟通和合作。积极与各个债权人进行沟通，并寻求他们的理解和支持，确保能够达成共识并顺利实施重组方案。二是综合考虑财务和经营状况。在制定债务重组方案时，企业应全面考虑自身的财务状况、经营前景以及行业发展趋势，确保方案的可行性和可持续性。三是法律合规性。债务重组可能涉及法律和合同约束，企业需要确保其行为符合相关法律法规，并遵守与债权人签订的协议。

1.20 股权众筹

股权众筹是一种新兴的产业金融工具，它通过互联网平台为初创企业提供了一种融资渠道。在传统的融资方式中，初创企业通常需要通过银行贷款、风险投资等途径来获取资金。而股权众筹则以集体智慧和共享经济的理念为基础，将投资者与初创企业直接连接起来。股权众筹的运作方式相对简单。初创企业在股权众筹平台上发布自己的项目，并设定所需融资金额和回报承诺等条件。投资者可以在平台上选择感兴趣的项目进行投资，并根据自己的意愿购买相应数量的股份或认购权益。一旦融资目标达成，平台会将募集到的款项转交给初创企业，并帮助完成相关法律手续。

1.20.1 股权众筹作为一种新型融资模式，在实践中积累了许多成功案例

股权众筹为初创企业提供了一种低成本、高效率的融资方式。相比于

传统渠道，股权众筹无须支付高额的利息或股权转让费用，同时也减少了烦琐的中介环节。这使得初创企业能够更加灵活地获取资金，并将更多精力投入核心业务的发展上。

1.20.2 股权众筹为投资者提供了一种多元化、低门槛的投资机会

传统融资方式往往对个人投资者存在一定的门槛，而股权众筹打破了这种限制，使得任何具备一定风险意识和经济实力的人都可以参与其中。此外，由于互联网平台的普及和信息透明度的提高，投资者能够更好地了解项目情况和风险收益特征，从而做出更明智的投资决策。

1.20.3 股权众筹面临的挑战和风险

首先是监管问题。由于股权众筹涉及证券市场相关事宜，在运营过程中需要遵守严格的法律法规要求。目前国内对于股权众筹尚未建立完善的监管体系，这可能导致平台乱象、信息不对称等问题。其次是项目风险。由于初创企业的高失败率和投资的不确定性，投资者在参与股权众筹时需要具备一定的风险识别和评估能力，以免造成投资损失。

1.21 信用保险

信用保险是一种常见的产业金融工具，旨在帮助企业管理与承担与交易相关的信用风险。它提供了一种机制，使得企业能够减轻由于买方无法履约或违约所导致的损失，并为企业提供更大的商务灵活性和信心。在国际贸易中，买卖双方之间存在着一定的信任缺失，特别是跨国交易中更加明显。买方可能面临支付困难、政治不稳定或经济衰退等问题，这些都会增加卖方无法收回货款的风险。同样，卖方也可能面临买方未能按时支付货款或者违反合同条款的风险。这些风险对于企业来说是非常重要的，因为它们可能导致巨大的财务损失和商誉损害。

因此，信用保险作为一种金融工具应运而生。它可以帮助企业管理交易中的信用风险，并提供相应的保障措施。通过购买信用保险，企业可以将其与买方或卖方签订的合同金额的一定比例进行保险。如果买方或卖方发生违约，企业可以向信用保险公司提出索赔，并获得相应的赔偿。

信用保险通常包括两种类型：买方信用保险和卖方信用保险。买方信用保险主要关注的是买方无法支付货款的风险，这种情况下，卖方可以向信用保险公司索赔以获取赔偿。卖方信用保险则主要关注的是买方违约或无法履行合同条款的风险，这种情况下，卖方可以向信用保险公司索赔以获得补偿。

除了减轻交易风险，信用保险还具有以下优点。首先，它可以帮助企业扩大市场份额和开拓新市场。由于有了信用保险的支持，企业可以更加自信地与潜在客户进行交易，并为其提供更灵活的付款方式。其次，信用保险也可以帮助企业获得更好的融资条件。银行等金融机构通常愿意将购买了信用保险的债权作为抵押物接受，并且愿意给予更好的贷款条件。

然而，信用保险也存在一些限制和风险。首先，购买信用保险需要支付一定的费用，这可能会增加企业的成本负担。其次，信用保险公司可能会对买卖双方的信用状况进行评估，并根据评估结果决定是否提供保险。如果企业的信用状况不佳，可能无法获得足够的保险额度或者无法获得保险。此外，在索赔过程中也可能面临一定的复杂性和时间延迟。

1.22 科技创新基金

科技创新基金是一种常见的产业金融工具，旨在支持和促进科技创新。随着科技发展，越来越多的企业和机构意识到科技创新对于经济增长和竞争力的重要性。而科技创新基金作为一种特殊的投资工具，为这些企业和机构提供了资金支持和风险分担的机会。

1.22.1 科技创新基金的定义与特点

科技创新基金是由政府、企业或投资机构设立的专门用于支持科技创新项目的资金池。它可以提供直接投资、股权投资或贷款等形式的支持，并通常与其他资源如专业知识、市场渠道以及管理经验相结合，以帮助企业实现其科技创新目标。与传统产业基金相比，科技创新基金有以下几个显著特点：

（1）长期性。由于科技创新过程往往需要较长时间才能取得成果并实现商业化，因此科技创新基金通常具有较长期限。这样可以给予受益企业更大的发展空间，并为它们提供持续的支持。

（2）高风险高回报。科技创新本身具有较高的不确定性和风险，因此科技创新基金通常承担了较大的投资风险。但与此同时，成功的科技创新项目往往具有巨大的商业潜力和回报空间，因此也带来了更高的投资回报。

（3）资源整合。科技创新基金通常不仅提供资金支持，还会整合各种资源，如技术专家、市场渠道、行业合作伙伴等。通过整合这些资源，科技创新基金可以为受益企业提供更全面、多维度的支持，帮助它们克服发展中遇到的各种难题。

1.22.2 科技创新基金的运作模式

科技创新基金的运作模式可以有多种形式，具体取决于设立者和投资对象之间的需求和协商。以下是常见的科技创新基金运作模式。

（1）设立阶段。设立方首先确定筹集资金，并制定出基金运作规则和投资策略，然后招募管理团队和专家顾问，并与相关机构签订合作协议。

（2）项目筛选。基金管理团队负责对潜在的科技创新项目进行筛选和评估。他们会根据一定的标准，如技术可行性、市场前景、商业模式等，来选择最具潜力的项目。

（3）投资决策。经过严格的尽职调查和评估后，基金管理团队会对符合条件的项目进行投资决策，并与受益企业签订投资协议。

（4）资金支持。一旦投资决策通过，基金将提供所需的资金支持给受益企业。这可以是直接投资、股权投资或贷款等形式。

（5）跟踪管理。科技创新基金通常会派出专业团队对受益企业进行跟踪管理，帮助企业解决发展中遇到的各种问题，并确保项目按计划实施。

（6）退出机制。当受益企业取得成功并实现商业化后，科技创新基金可以通过不同方式退出投资，如股权转让、上市或收购等。这样可以为基金带来回报，并为其他科技创新项目提供更多的支持。

1.22.3 科技创新基金的意义与影响

科技创新基金在推动科技创新和经济发展方面发挥了重要的作用。它为具有科技创新潜力的企业提供了资金支持和风险分担的机会，帮助企业实现科技突破和商业化。同时，科技创新基金还整合了各种资源，为受益企业提供更全面、多维度的支持，帮助企业克服发展中遇到的各种难题。

通过科技创新基金的支持，许多企业得以加速科技创新步伐，并取得了令人瞩目的成果。这不仅对企业自身发展有利，还对促进整个产业链的升级和转型起到了积极推动作用。此外，科技创新基金也为投资者提供了一个参与高风险高回报项目的机会，并为整个经济体系注入了活力。

1.23 期货和期权交易

在产业金融领域，期货和期权交易是常见的金融工具。它们在风险管理、投资策略和价格发现等方面起着重要作用。

1.23.1 期货交易

（1）定义和特点。期货是一种标准化合约，约定在未来某个日期以事先确定的价格买卖一定数量的标的资产。其特点包括标准化、杠杆效应、高流动性和透明度。

（2）功能与作用。一是风险管理。期货合约可以用于对冲价格波动风险，帮助企业或个人锁定未来的购买或销售价格。二是投机与套利。投资者可以通过预测市场走势来买入或卖出期货合约，从而获得盈利。同时也可以通过套利策略从不同市场之间的价差中获取利润。三是价格发现。期货市场作为信息集聚的平台，通过交易活动推动市场价格形成过程，反映供需关系和市场预期。

（3）应用场景。一是农产品期货。农产品期货市场提供了对农产品价格的风险管理工具，帮助农民和食品加工企业规避价格波动风险。二是能源期货。石油、天然气等能源期货合约可以用于能源公司对冲原材料价格风险，同时也吸引投资者进行投机交易。三是金融期货。股指、利率、汇率等金融衍生品的期货合约，为投资者提供了参与金融市场的机会，并用于风险管理和套利策略。

1.23.2 期权交易

（1）定义和特点。期权是一种购买或出售标的资产的权利，而非义务。它给予持有者在未来某个日期以事先确定的价格买入或卖出标的资产的权利。其特点包括灵活性、杠杆效应和多样化策略。

（2）功能与作用。一是权利购买。持有者可以根据自己预测标的资产价格走势购买认购或认沽期权，以获取未来潜在收益。二是风险管理。期权合约可以用于对冲标的资产价格波动风险，帮助投资者规避不确定性。三是策略组合。期权交易允许投资者通过多种组合策略来灵活地实现投资目标，如保护性买入、套利和收益增加等。

（3）应用场景。一是股票期权。股票期权是最常见的期权交易形式之一，可以用于员工激励计划、风险管理和投机交易等。二是商品期权。商品期货市场提供了对商品价格波动进行风险管理的机会，也吸引了投机者参与其中。三是外汇期权。外汇市场上的期权交易可以帮助企业或个人锁定未来的外汇兑换率，规避汇率风险。

这些金融工具在产业金融领域发挥着重要的作用，有助于促进企业的发展和创新。不同的金融工具适用于不同的情况和需求，企业可以根据自身情况选择合适的工具来满足其资金需求和风险管理。

二、产业金融的特点和原则

产业金融是一种以服务于实体经济为导向的金融形式，与传统金融在很多方面存在着明显的不同。下面从几个方面对产业金融与传统金融进行比较分析，以便更好地理解产业金融的特点和原则。

2.1 产业金融与传统金融的区别

2.1.1 在服务对象上存在差异

传统金融主要面向个人和企业，提供资金管理、贷款、投资等服务，而产业金融则更加注重为实体经济中的产业链、价值链各环节提供全方位的金融支持。它旨在通过深度参与实体经济活动，帮助企业优化运营、扩大生产规模、提高核心竞争力。因此，在服务对象上，两者存在明显差异。

2.1.2 在风险管理上，产业金融存在更大的挑战和复杂性

由于产业链中各环节之间紧密相连且相互依赖，一旦某一环节出现问

题，可能会对整个产业链造成连锁反应。因此，产业金融需要更加注重风险的全面评估和有效管理，以避免系统性风险的发生。相比之下，传统金融在风险管理上更加注重对个体企业的独立评估和风险控制。

2.1.3 在资金运作方式上存在差异

传统金融主要通过银行、证券市场等渠道实现资金的流动和配置，而产业金融则更加强调直接投资和战略合作。产业金融机构常常通过参股、并购、股权投资等方式与实体经济中的企业进行深度合作，并提供定制化的金融服务。这种直接参与实体经济活动的特点使得产业金融能够更好地理解企业需求，并提供更有针对性的解决方案。

2.1.4 在监管政策方面存在差异

由于产业金融涉及实体经济中多个环节，可能会牵涉到不同行业、不同部门间的协调与合作，因此，监管机构在制定相关政策时需要考虑到产业链中各个环节的特点和需求，以促进产业金融的发展和创新。相比之下，传统金融的监管政策更加侧重于保护投资者利益、维护金融市场秩序等方面。

2.2 产业金融的特点

2.2.1 服务实体经济

产业金融的核心目标是为实体经济提供全方位的金融服务，服务实体经济是产业金融的重要任务。

（1）产业金融以满足实体经济需求为导向，注重对企业的真实需求进行准确理解和精准匹配。与传统金融相比，产业金融更加关注中小微企业和新兴行业等实体经济的发展需求，积极推动资源配置优化、创新能力提升和市场竞争力增强。

（2）产业金融注重长期合作与共赢，在服务实体经济过程中建立稳固的合作关系。通过深入了解企业运营状况、行业发展趋势等信息，产业金融机构能够提供更加符合企业需求的贷款、投资和保险等综合性金融产品，并与企业建立起长期稳定的战略伙伴关系。

（3）产业金融风险管理方式不同。在服务实体经济的过程中，产业金融机构需要深入了解企业的风险特征，并通过多种方式进行风险防控。同时，产业金融也积极探索新的金融产品和服务模式，以适应不断变化的市场需求和企业发展要求。

（4）产业金融注重技术创新与信息化建设。随着科技进步和互联网普及，产业金融充分利用大数据、人工智能等技术手段来提高服务效率和精准度。通过建立数字化平台、打通信息壁垒，产业金融可以更好地为实体经济提供快速、高效的金融服务。

（5）在服务实体经济中，产业金融还需要加强监管与合规建设。由于其针对性较强且涉及大量资金流动，监管部门应加大对产业金融机构的监管力度，确保其稳定运行并有效维护市场秩序。

总之，作为一种以服务实体经济为导向的金融模式，产业金融具有满足实体经济需求、长期合作与共赢、风险管理和创新、技术创新与信息化建设等特点。通过积极发展产业金融，我们可以更好地支持实体经济的发展，促进经济结构优化升级，并推动经济可持续增长。

2.2.2 高度专业化

高度专业化是产业金融领域的一个重要特点。从事产业金融工作需要对各行各业有深入了解，并具备相关领域的专门知识和技能。同时，在面对复杂多变的市场环境和风险挑战时，产业金融从业人员还需要具备创新思维和解决问题的能力，以提供更好的金融服务。

（1）产业金融所涉及的行业和领域通常非常复杂且多样化。不同行业拥有各自的特点和需求，需要针对性的金融服务和解决方案。比如，在制造业领域，企业可能面临着资金周转、设备采购、供应链管理等方面的挑战；而在科技创新领域，企业可能需要资金支持来推动研发和市场推广等活动。因此，产业金融从业人员需要深入了解各行各业的特点，并掌握相应的专业知识。

（2）由于产业金融所处的行业竞争激烈、风险较高，在为企业提供金融服务时，产业金融机构需要进行全面细致的风险评估，并制定相应的风控措施。这要求从业人员具备专业的风险管理技能，能够准确判断和评估不同行业和企业的风险，并提供相应的解决方案。此外，产业金融还需要与各类专业机构、行业协会等进行合作，共同推动产业发展，为企业提供更全面、个性化的金融服务。

（3）产业金融涉及的金融产品和工具通常较为复杂。由于不同行业的需求差异较大，传统的金融产品往往无法完全满足企业的特殊需求。因此，产业金融机构需要开发出更加专门化、灵活多样的金融产品和工具来满足客户需求。这要求从事产业金融工作的人员具备深厚的专业知识和技能，在理财产品设计、风险管理以及资本运作等方面有着扎实的功底。

2.2.3 长期性与稳定性

与短期投机性金融活动相比，产业金融更注重长期投资和稳定回报。长期性与稳定性是产业金融最突出的两个特点。

（1）长期性。产业金融以长期投资为主要特点，注重为实体经济提供持续、稳定、可靠的资金支持。相比于传统商业银行等短期借贷机构，产业金融更加关注企业生命周期中的各个阶段，包括初创期、成长期和成熟期等。这种长期视角使得产业金融能够更好地满足实体经济多层次、多样化的资本需求。首先，产业金融通过股权投资、债权投资等方式参与企业发展，与企业形成利益共享关系。这种共赢机制促使产业金融机构更加愿意承担风险并长期持有相关资产，从而推动企业在不同发展阶段得到充分的资金支持。其次，长期性使得产业金融更加注重实体经济的长期可持续发展。产业金融机构在资本投入时会对企业进行深入的尽职调查和风险评估，以确保投资项目具备长期价值。这种谨慎的态度有助于防范投机行为，降低市场风险，为实体经济提供稳定、可持续的资金支持。

（2）稳定性。产业金融的另一个显著特点是稳定性。相比于其他金融形式，产业金融更加关注实体经济中的核心产业和基础设施建设等领域，具有较低的波动性和风险。首先，产业金融通过与实体经济紧密结合，形成了相对稳定的利益共享机制。产业金融机构参与企业发展过程，在企业增长过程中获取回报，并与企业共同承担风险。这种利益共享机制有效地减少了因市场波动导致的投资损失，并增强了整个系统的稳定性。其次，由于产业金融更注重长期投资，其投资决策相对稳定。产业金融机构在进行投资决策时，会充分考虑企业的长期发展前景、市场需求等因素，并进行全面的风险评估。这种稳定的投资决策有助于降低整个金融系统的不确定性和风险。

2.3 产业金融的原则

2.3.1 风险管理

产业金融在提供资金支持时必须注重风险管理，包括对借款方的风险评估、合理设置利率与期限、建立风险分散机制等。通过科学的风险管理，可以有效地保护金融机构和实体经济免受不利影响。

2.3.2 创新与适应性

产业金融需要不断创新和适应变化的市场需求。随着技术和产业的快速发展，传统的金融模式可能无法满足新兴行业和企业的需求，因此需要及时调整并推出符合市场需求的金融产品与服务。

2.3.3 合作共赢

产业金融需要秉持合作共赢的原则，通过与实体经济各方建立紧密合作关系，实现资源优势互补、风险共担、利益共享等目标。

产业金融的特点和原则为其创新与变革提供了基础。在推动产业金融创新时，应当充分发挥其服务实体经济、专业化、长期性与稳定性等特点，并坚持风险管理、创新与适应性以及合作共赢的原则，以推动实体经济的发展和经济结构的优化升级。

三、我国产业金融发展现状及存在问题

3.1 主要发达国家产业金融情况简述

在当今全球化的经济环境下，产业金融作为促进实体经济发展的重要手段和工具，不仅在中国得到了广泛应用和推广，也在世界范围内受到越来越多国家的关注和重视。下面就世界主要国家的产业金融发展现状进行介绍。

3.1.1 美国

作为全球最大的经济体，美国的产业金融市场规模巨大。统计数据显示，美国的产业金融资产总额已超过 10 万亿美元，其中包括各类银行贷款、企业债券、股权投资等多种形式。此外，美国政府还通过各种政策和

措施积极引导和支持产业金融创新与变革。

3.1.2 德国

德国作为欧洲最大经济体之一，在产业金融方面也取得了显著成就。数据显示，德国的产业金融市场规模位居欧洲前列，并且呈现稳步增长的趋势。德国政府通过鼓励银行与企业之间的合作，推动产业金融发展，并且注重培育和支持中小型企业的融资需求。

3.1.3 日本

作为亚洲经济体中的重要一员，日本在产业金融领域也展现出强大实力。根据统计数据，日本的产业金融市场规模已超过100万亿日元。除了传统的银行贷款和证券投资，日本还积极推动创新型金融工具的发展，如产业债券、私募股权基金等。

在世界主要国家中，产业金融的规模和发展水平各有差异，但都表现出积极的创新与变革态势。各国政府在产业金融领域也通过不同方式支持企业的融资需求，并促进实体经济的发展。未来，随着全球经济的深度融合和科技创新的推进，产业金融将继续发挥重要作用，并不断迈向更高水平。

3.2 我国产业金融的发展现状

作为全球第二大经济体，我国在产业金融方面取得了巨大进展。数据显示，2021年我国产业金融市场规模增长至273万亿元，其中包括商业银行贷款、债券市场、股权投资等多种形式。

3.2.1 与金融资本边界不清

我国产业金融市场规模庞大，但产业金融作为一种产业资本，与金融资本边界模糊混沌，到底有多少资本以产业金融的名义脱实向虚，已经很难统计。而且大部分企业还是依赖传统银行信贷来获取融资支持，而直接融资渠道相对不足。这限制了中小微企业等创新型企业的发展空间。

3.2.2 创新能力有待提升

尽管我国在科技创新方面取得了显著进步，并且政府也出台了一系列鼓励创新的政策措施，但与国际先进水平相比仍有差距。许多企业在进行科技创新时面临着技术难题、资金不足以及人才缺乏等问题，这制约了产业金融的发展。

3.2.3 风险管理体系不完善

在产业金融活动中，风险是无法避免的。然而，我国目前的风险管理体系还不够健全，尤其是在对新兴产业和高科技领域的风险评估和控制方面，存在一定困难。这会导致投资者参与产业金融时产生犹豫和担忧。

3.3 我国产业金融存在的问题

3.3.1 信息不对称现象普遍存在

在产业金融领域，信息不对称现象是一个普遍存在的问题。信息不对称指的是买方和卖方在交易过程中拥有不同的信息水平，这导致了一方在交易中处于弱势地位，从而影响了市场的正常运作。银行等传统金融机构往往更倾向于向已有信用记录良好、规模较大的企业提供服务，而对于小微企业等缺乏信用记录或规模较小的企业则持保守态度。这导致了信息不对称现象的出现，使得部分企业难以获取合适的融资支持。

（1）供求双方信息不对称导致市场交易效率低下。在产业金融中，企业需要从金融机构获得资金支持来满足其发展需求，然而，相对于金融机构，企业通常更加了解自身的内部情况和经营状况。这使得金融机构难以准确评估企业的风险和价值，从而限制了它们向企业提供适当的贷款条件和利率。

（2）信息不对称导致市场中存在道德风险问题。道德风险指的是买方或卖方在交易过程中出于个人利益动机可能采取欺诈行为或违约行为。由于买方和卖方之间的信息差异，一些企业可能会故意隐瞒自身真实情况以获取更有利的交易条件，从而损害金融机构的利益。这种道德风险不仅增加了金融机构的风险承担，也影响了市场参与者之间的信任关系。

（3）信息不对称导致市场中存在选择困难问题。由于买方和卖方在信息获取上存在差异，买方很难准确评估和选择适合自身需求的金融产品或服务。相反，卖方可能通过提供虚假或误导性信息来吸引买方进行交易，从而产生不良后果。这种选择困难使得市场参与者面临着较大的风险和不确定性。

针对信息不对称现象普遍存在的问题，在产业金融领域需要采取一系列措施来解决。首先，加强信息披露制度，要求企业向金融机构提供真实、准确、完整的财务和经营信息，以提高交易双方的对称性。其次，建立信用评级体系和风险管理机制，帮助金融机构更好地评估企业的信用状况和风险水平。最后，在市场监管层面加强对金融机构和企业的监管，加大对欺诈行为的打击力度，提高市场的透明度和公正性。

总之，信息不对称现象是产业金融领域普遍存在的问题，它影响了市场交易效率、增加了道德风险并导致选择困难。为解决这一问题，需要采取一系列措施来提高信息披露水平，加强信用评级和风险管理，并加强市场监管。只有通过这些举措，才能有效减少信息不对称现象带来的负面影响，推动产业金融市场健康发展。

3.3.2 缺乏专业化服务机构

在产业金融领域，一个重要的问题是缺乏专业化服务机构。专业化服务机构在产业金融中扮演着关键角色，它们可以为企业提供全方位的金融服务和支持，帮助企业解决资金需求、风险管理等问题。然而，目前的情况是，许多地区和行业都存在着服务机构不足或质量不高的问题。

(1) 缺乏专业化服务机构导致了产业金融市场的信息不对称。由于缺乏专业化的金融机构进行评估，企业往往难以准确了解自身在金融市场上的定位和价值。这种信息不对称可能导致企业在寻求融资时遭受不公平待遇，同时也限制了投资者对企业的判断和选择。

(2) 在缺乏专业化服务机构的情况下，企业面临更大的风险。一些中小型企业由于自身条件有限，并没有足够的能力进行充分的风险管理。而专业化服务机构可以通过深入了解企业经营状况、行业环境等因素，为企业提供科学合理的风险评估和管理方案。缺乏这样的机构支持，企业往往会面临更大的经营风险，甚至可能导致破产。

(3) 缺乏专业化服务机构限制了产业金融市场的创新和发展。专业化服务机构可以通过对市场需求的深入了解和分析，为企业提供创新型的金融产品和服务。然而，如果缺乏这样的机构支持，许多企业就难以获得适合自身需求的创新金融产品，进而限制了产业金融市场的活力和竞争力。

针对缺乏专业化服务机构这一问题，我们应该采取一系列措施来加强服务机构建设。首先，政府可以出台相关政策措施，鼓励金融机构增加对产业金融领域的投入，并提供相应的支持与激励措施。其次，需要加强培养和引进人才，在产业金融领域中培养专门从事服务机构工作的专业人才，并吸引更多有经验、有能力的人才进入该领域。最后，可以通过建立产业金融服务机构联盟等组织形式，促进服务机构之间的合作与交流，提升整个行业的专业化水平。

3.3.3 监管体系亟须完善

当前，随着产业金融的迅猛发展，监管体系在确保金融市场稳定和促进经济发展方面扮演着至关重要的角色。然而，我们必须承认，在产业金融领域，监管体系存在一些问题和不足之处。

（1）当前的监管机构分散。

部门间协调不足是导致监管体系不够完善的主要原因之一。由于产业金融涉及多个部门和领域，各相关监管机构在职责范围上存在重叠和交叉，并且缺乏有效沟通和协作机制。这种分散化和碎片化的监管模式容易导致信息孤岛、责任模糊等问题。

（2）目前的监管标准与实践之间存在差距。

尽管相关法规和政策已经制定并实施，但在具体操作层面上仍然存在一些模糊和不完善之处。此外，由于产业金融创新较快、形式多样，监管标准的制定和调整相对滞后，难以及时应对新形势和新挑战。

（3）监管手段和手法需要进一步完善。

当前的监管主要集中在事后处置和惩罚上，缺乏预防和风险控制的手段。此外，传统的监管方法往往依赖于人工审核和抽查等方式，无法实现全面、高效的监测与管理。

总之，在产业金融领域，监管体系亟须完善。只有通过建立协调一致、科学合理的监管机制，才能更好地促进产业金融的健康发展，并有效防范金融风险带来的不良影响。

四、产业金融的重要性研究

在当今全球经济发展的背景下，产业金融被认为是推动中国经济增长和转型升级的重要力量。下面从宏观和微观两个层面探讨产业金融的重要性，以期深入理解其对经济发展的影响。

4.1 宏观层面：促进经济结构调整与转型升级

在中国的经济发展中，产业金融在宏观层面上起着至关重要的作用。它不仅是经济结构调整与转型升级的重要支撑，还能够提供有效的金融服务，推动产业升级和创新发展。

4.1.1 产业金融在促进中国经济结构调整方面具有重要作用

随着中国经济转向高质量发展阶段，传统产业结构已经不能满足市场需求和国际竞争压力。而产业金融作为一种综合性金融服务，可以为企业提供资金支持、风险管理和技术创新等方面的帮助，从而推动传统产业向高端制造、智能制造等新兴领域转变。

（1）产业金融通过提供资金支持帮助企业进行技术改造和产品升级。在当前技术日新月异的时代背景下，企业需要不断更新技术设备和生产工艺以适应市场需求的变化。然而，这些改造和升级往往需要大量的投入。产业金融可以通过直接融资或间接融资方式为企业提供所需的资金支持，使其能够顺利进行技术改造和产品升级。

（2）产业金融能够帮助企业进行风险管理。在转型升级过程中，企业面临着各种风险挑战，如市场风险、信用风险和流动性风险等。产业金融可以通过提供风险评估、保险和衍生品等服务，帮助企业识别、管理和规避各类风险，保障企业的可持续发展。

（3）产业金融能够促进技术创新。在当前全球科技竞争激烈的环境下，企业需要不断进行技术创新以提高竞争力。而产业金融作为与实体经济紧密结合的金融服务形式，可以为企业提供资金支持和专业咨询，帮助其加大对科研和创新活动的投入，并推动科技成果转化为实际生产力。

4.1.2 产业金融在推动经济转型升级方面发挥着重要的作用

当前全球经济竞争日益激烈，中国需要通过产业升级和创新来提高自身的竞争力。而产业金融作为支持实体经济发展的重要手段，可以为企业提供资金、技术和市场等多方面支持，促进企业加大研发投入、推进科技创新，并推动新兴产业的崛起和发展。

（1）产业金融能够为企业提供资金支持。在经济转型升级过程中，企业往往需要大量的资金来进行技术改造、设备更新以及产品研发等工作。而传统的银行贷款方式往往无法满足这些需求。因此，产业金融机构可以通过股权投资、债券融资等方式为企业提供更加灵活和多样化的融资渠道，帮助企业解决资金瓶颈问题。

（2）产业金融可以为企业提供技术支持。随着科技进步的不断推进，许多新兴行业和高科技领域正在迅速崛起。然而，这些行业和领域往往面临着技术创新的挑战。产业金融机构可以通过与科研院所、高校等合作，为企业提供技术咨询、技术转让等服务，帮助企业提升技术水平，推动科技创新。

（3）产业金融可以为企业提供市场支持。在市场竞争日益激烈的环境下，企业需要更加准确地把握市场需求和趋势，以便更好地开展产品研发和市场营销工作。产业金融机构可以通过市场调研、数据分析等手段，为企业提供市场情报和分析报告，帮助企业制定科学的营销策略，并帮助企业拓展国内外市场。

4.1.3 产业金融的发展对于相关产业链的协同发展具有重要意义

在经济结构调整和转型升级过程中，一个行业的变革往往会对其他相关行业产生深远影响。而产业金融作为连接各个环节的纽带，可以发挥关键作用，促进不同行业间资源共享与协同创新，从而形成完整、高效的产业链条。

（1）产业金融可以提供跨行业合作的支持。随着市场竞争日趋激烈，企业之间合作已经成为一种常态。通过产业金融的介入，不同行业的企业可以更加便捷地实现合作关系的建立与拓展。比如，在新能源汽车领域，电动汽车制造商需要与电池生产商、充电设施提供商等多个环节进行合作，而产业金融可以提供相应的融资支持和风险管理服务，促进各方合作共赢。

（2）供应链融资是产业金融的重要功能之一。在传统商业模式下，企业往往面临资金周转困难和供应链断裂等问题。通过供应链融资，产业金融可以为企业提供及时的资金支持，帮助企业解决资金瓶颈问题。同时，供应链融资也能够促进供应链各个环节之间的协同发展，提高整体效率和竞争力。例如，在电子产品制造领域，供应链融资可以帮助原材料供应商、零部件制造商和最终产品组装商等环节实现良性循环。

（3）产业金融可以通过提供风险管理工具来降低跨行业合作的风险。在不同行业间进行合作往往面临着市场波动、技术变革等风险因素，而产业金融可以通过创新的保险、衍生品等金融工具来对冲这些风险，保障合作双方的利益。比如，在新兴科技领域，产业金融可以提供技术保障型产品，为企业在技术创新过程中承担一定风险，并帮助其实现更好的发展。

4.1.4 产业金融在推动供给侧结构性改革中发挥着重要作用

（1）通过引导资金流向具备核心竞争力和创新能力的行业和企业，产业金融可以促进优胜劣汰，推动经济结构的优化升级。在过去，我国经济发展过于依赖传统行业和资源密集型产业，导致了资源错配和产能过剩的问题。而通过产业金融的引导作用，可以将更多的资金投向具有技术创新、科技含量高的行业和企业，从而提高整体经济效益。

（2）产业金融可以通过提供风险补偿机制、担保等服务来减少资源错配和市场失灵现象。由于创新项目具有较高的不确定性和风险性，在传统金融机构难以满足其融资需求时，产业金融可以提供针对性的风险管理工具，并为这些项目提供信贷支持。这样一来，创新企业就能够更好地获取资金支持，加快产品研发和市场推广步伐，从而促进经济结构调整。

（3）产业金融可以发挥撬动作用，通过与其他政策的配套推进，加快供给侧结构性改革的进程。例如，产业金融可以与科技创新政策结合，为科技型企业提供融资支持；与绿色发展政策结合，为环保产业提供金融服务等。这种综合性的政策协同将更有利于推动供给侧结构性改革，并促进经济转型升级。

4.1.5 在实践中仍存在一些问题需要解决

首先是对风险管理能力的提升。由于中国经济转型升级过程中存在一定风险和不确定性，因此产业金融机构需要加强风险管理能力，提高对项目可行性和盈利能力的评估水平，降低风险投资的风险。其次是要加强监管和引导作用。在产业金融发展中，政府需要加强对市场的监管和引导，促进企业合规经营和健康发展。

4.2 微观层面：推动企业创新、提高竞争力

微观层面上，产业金融对于企业和产业的发展具有显著影响，并且在推动创新、提高竞争力以及促进经济增长方面发挥着重要作用。

4.2.1 产业金融的发展为企业提供了充足的资金支持

与传统银行贷款相比，产业金融渠道为企业提供了更多种类的融资方式，如股权投资、债券发行和私募股权等。这些多样化的融资工具使得企业能够更好地匹配自身需求，为企业提供生产、研发和扩张等活动中所需的大量资金，并且降低了其依赖银行贷款所带来的风险。

（1）股权投资。通过产业金融渠道，企业可以选择股权投资作为一种融资方式。股权投资是指将企业部分所有权转让给投资者，并由投资者以股份形式参与企业经营决策和利润分配。相比传统贷款，股权投资不需要按期偿还本息，减轻了企业的还款压力，并且可以吸引到更多长期合作伙伴加入。

（2）债券发行。债券是一种固定收益证券，企业可以通过发行债券向公众募集资金，是一种常见的产业金融手段。与银行贷款相比，债券发行具有更高的灵活性和更低的利率。此外，债券投资者通常不会干涉企业经营决策，使得企业能够保持较大的自主权。

（3）私募股权。私募股权也是一种受欢迎的融资方式，是指通过向特定投资者出售股权来融资。这种方式可以帮助企业吸引专业投资机构或个人投资者，并且在融资过程中获取更多的战略合作和资源支持。与传统银行贷款相比，私募股权能够为企业提供更加灵活和多样化的融资方案。

4.2.2 产业金融有助于推动技术创新与转型升级

在当前全球竞争日益激烈的环境下，企业需要不断创新以保持竞争力。产业金融机构通过为企业提供风险投资和股权投资等方式，能够帮助企业引入更多的资金用于研发与创新。此外，产业金融还能够提供咨询服务、技术支持和市场信息等方面的支持，帮助企业实现技术创新和转型升级。

（1）产业金融机构通过提供风险投资和股权投资等方式，为企业引入更多的资金用于研发与创新。这些资金可以帮助企业加大研发力度，拓宽技术应用领域，推动技术创新的步伐。

（2）产业金融能够提供咨询服务、技术支持和市场信息等方面的支持。通过与企业紧密合作，产业金融机构可以深入了解企业的需求和挑战，并提供相应的解决方案。例如，它们可以帮助企业进行市场调研，分析竞争对手的情况，并根据市场需求指导企业进行技术创新和产品升级。

（3）产业金融机构可以促进不同行业之间的合作与交流。它们可以通过组织行业论坛、举办技术交流会等活动，促进企业之间的合作与资源共享。这种跨界合作不仅有助于技术创新的跨越性发展，还能够加快转型升级过程，提高企业的竞争力。

4.2.3 产业金融在优化资源配置方面发挥着重要作用

在市场经济中，资源的合理配置对于实现经济增长至关重要。产业金融能够根据市场需求和资源供给情况，将资本和人力资源进行有效配置，并引导其流向有潜力和前景的行业和企业。

（1）通过产业金融的支持与引导，资本可以更加精准地投向具有发展潜力的行业。传统上，由于信息不对称和风险高等因素的影响，一些新兴行业往往难以获得足够的资金支持。产业金融机构通过深入了解行业特点和市场前景，能够提供专门针对这些行业的金融产品和服务，从而帮助它们快速成长。

（2）产业金融可以促进人力资源的优化配置。在市场经济中，人才是推动经济发展的核心要素之一。然而，在不同行业之间存在着人才供需不平衡的问题。通过产业金融机构提供的相关服务，可以将人力资源引导到需要的领域，并帮助企业实现人才与岗位的匹配，提高劳动生产率和企业竞争力。

（3）产业金融可以通过优化资源配置，推动中国经济向高质量发展转型。在过去的发展中，中国经济主要依靠规模扩张来实现增长，但这种增长方式面临着许多挑战。通过产业金融的支持，可以将资源引导到具有创新能力和技术优势的行业和企业中，促进科技创新和产业升级，从而实现经济结构的优化和转型升级。

综上所述，产业金融在优化资源配置方面发挥着重要作用。它能够合理配置资本和人力资源，并将其引导到具有潜力和前景的行业和企业中去。这种资源优化配置不仅可以提高整体经济效益，还可以推动中国经济向高质量发展转型。因此，在未来的发展中，应进一步加强对产业金融的支持与引导，以实现更加有效的资源配置和经济增长。

4.2.4 产业金融能够促进企业国际化发展

随着全球化进程不断加快，中国企业越来越需要拓展海外市场。产业金融机构通过提供跨境支付、外汇风险管理等服务，为企业开拓国际市场提供支持。

（1）产业金融机构通过提供跨境支付、外汇风险管理等服务，为企业拓展海外市场提供了便利。在国际贸易中，跨境支付是必不可少的环节。产业金融机构可以利用自身在海外银行网络和支付系统方面的优势，为企业提供安全、高效的跨境支付服务，帮助其顺利开展国际贸易活动。

（2）帮助企业规避外汇波动风险。由于不同国家之间存在着不同货币之间的兑换问题，外汇风险也是企业面临的挑战之一。产业金融机构可以通过提供外汇风险管理工具和咨询服务等方式，帮助企业规避外汇波动风险，并保证其正常运营。

（3）在海外市场进行并购、重组和合作等交易是企业国际化发展的重要手段。产业金融机构可以为企业提供相关的资金支持，帮助其进行海外市场的并购和重组，实现资源整合和优势互补。

五、本章小结

本章主要介绍了产业金融的发展情况。

首先，我们回顾了中国产业金融的起源和发展历程。从 20 世纪 80 年代开始，中国政府逐步引入市场经济改革，并积极推动产业金融的发展。随着时间的推移，产业金融在体制机制、产品创新和市场规模等方面取得了显著进展。

其次，我们探讨了当前产业金融发展存在的问题与不足之处。尽管取得了一定成就，但我国产业金融仍然存在着信息不对称、风险管理不完善以及监管体系亟待完善等问题。这些问题制约了产业金融持续健康发展。

最后，我们对未来产业金融重要性做了较为详细的分析，可以预见，产业金融将进一步推动实体经济发展，加强与科技创新的结合，并促进金融服务普惠化。

总之，在当前全球经济环境不确定性增加的背景下，产业金融作为支撑实体经济发展的重要力量，将继续发挥积极作用。通过持续创新和改革开放，产业金融有望实现更高质量、更可持续的发展。

02 第2章

产业金融面临的挑战和机遇

一、产业金融面临的挑战

1.1 宏观经济环境变化

在当前产业金融领域中，宏观经济环境的变化是一项重要的挑战。这种变化主要体现在经济增长放缓和结构性调整两个方面。

1.1.1 经济增长放缓

经济增长放缓成为一个不可忽视的问题。经济增长放缓是指国民经济总量的增速逐渐减慢或下降，通常表现为国内生产总值（GDP）增速减缓、投资需求疲软、消费市场低迷等现象。经济增长放缓可能是由于全球经济环境的影响而引起的。全球化使得各国之间的经济联系更加紧密，一个国家的经济增长会受到其他国家经济状况的影响。例如，全球主要经济体的增长放缓会对出口导向型国家造成负面影响，进而拖累这些国家的内需和投资需求。

近年来，中国的经济增速逐渐趋缓，这对产业金融带来了一定的挑战。过去几十年间，中国以高速度的经济增长为基础，推动了产业金融的发展。然而，随着国内外市场竞争加剧、人口红利逐渐消失以及劳动力成本上升等因素的影响，中国的经济增长已不再像过去那样迅猛。

这种经济增长放缓对产业金融造成了直接影响。首先，企业盈利能力下降，导致其对金融机构的贷款需求减少。其次，在投资方面，由于投资回报率下降和风险增加，投资者更为谨慎，在选择项目时更加审慎。此外，消费需求也受到压制，导致许多行业的发展受到限制。

1.1.2 结构性调整

随着中国经济由高速增长阶段转向高质量发展阶段，结构性调整成为一项重要任务。这种调整涉及各个产业的转型升级、供给侧改革以及创新驱动等方面。在结构性调整过程中，产业金融机构面临着许多挑战。首先，一些传统行业面临产能过剩、技术更新换代等问题，导致企业债务风险上升。其次，在新兴行业中，尽管潜力巨大，但也存在不确定性和风险。最后，在结构性调整中可能出现就业压力和社会稳定问题。为了应对结构性调整带来的挑战，产业金融机构需要加强风险管理和创新能力。它们应该与企业共同探索转型升级的路径，为企业提供差异化的金融产品和服务，支持其创新和发展。同时，产业金融机构应积极参与政府的供给侧结构性改革，推动经济结构调整和转型升级。

综上所述，产业金融面临着宏观经济环境变化的挑战。经济增长放缓和结构性调整是当前主要的变化趋势。面对这些挑战，产业金融机构需要加强风险管理、拓展市场、创新产品，并积极参与结构性调整进程，以适应新的经济环境并实现可持续发展。

1.2 监管政策压力

1.2.1 风险防控要求提升

随着产业金融的发展，监管部门对于风险防控的要求越来越高。在当前经济形势下，金融市场面临着诸多不确定性因素和风险挑战，如债务违约、信用风险、资金链断裂等。为了保障金融体系的稳定运行，监管政策加大了对产业金融领域的监管力度。

首先，监管部门要求产业金融机构加强内部风险管理和控制能力。这意味着产业金融机构需要建立健全内部控制体系，包括完善的风险评估和监测机制、有效的内部审计和合规管理制度等。同时，还需要加强对客户信用状况和交易行为的准确评估，并采取相应措施进行风险防范。

其次，监管政策要求产业金融机构提高信息披露透明度。为了增强市场参与者对于产业金融产品和服务的认知度和理解程度，监管部门要求产业金融机构加强信息披露工作。这包括及时披露财务报告、风险提示和内部控制情况等，以便市场参与者能够更全面地评估和理解相关风险。

最后，监管政策还要求产业金融机构建立完善的风险管理制度和应急预案。在面对突发事件或市场波动时，产业金融机构需要具备快速反应和处理风险的能力。为此，监管部门要求产业金融机构建立健全风险管理制度，并制定应急预案，以保障其在不可预见的情况下能够及时有效地应对风险挑战。

1.2.2 法律法规改革

为了适应产业金融发展的新形势和新需求，中国也在加快推进法律法规改革。这一改革旨在提供更加清晰、完善的法律环境，促进产业金融市场的健康有序发展。

首先，中国正在加强对于产业金融领域的立法工作。通过修订现行法律、出台新的法规文件等方式，中国将加强对产业金融市场各个环节的监管和规范。例如，在风险防控方面，相关法律可能会增加对产业金融机构的监管要求，明确其责任与义务，从而提高整个金融体系的稳定性。

其次，中国还在推进金融领域的创新试点和改革措施。这包括放宽准入限制、鼓励创新实践、加强知识产权保护等。通过这些改革举措，中国希望为产业金融机构提供更多发展机遇，并促进其与实体经济的深度融合。此外，法律法规改革还将加大对违规行为的打击力度。为了维护市场秩序和投资者利益，监管部门将加大对于违规行为的处罚力度，并完善相关法律制度，以提高惩戒力度和效果。

总之，在面临监管政策压力时，产业金融需要进一步加强风险防控能力，并积极响应法律法规改革。只有通过不断提升自身管理水平、适应新形势和新需求，产业金融才能够持续发展并为实体经济提供更好的支持。

二、产业金融面临的机遇

2.1 技术创新推动发展

2.1.1 区块链技术应用前景

随着科技的不断进步和全球经济的快速发展，区块链技术作为一种新兴的金融科技工具，逐渐引起人们的广泛关注。在产业金融领域，区块链技术被认为是一项具有巨大潜力和广阔前景的创新技术。

首先，区块链技术能够提供更高效、更安全的数据交换和共享方式。传统金融体系中，由于信息孤岛和数据不对称等问题，导致了各个环节之间存在着烦琐的数据验证和沟通流程。而通过区块链技术，可以实现去中心化的分布式账本，在保证数据安全性的同时，实现信息的可追溯性和透明度。这将极大地简化金融交易过程，并提升整个产业金融系统的效率。

其次，区块链技术可以改善信任机制并降低信用风险。在当前的产业金融领域中，信用风险是一个普遍存在且难以解决的问题。通过区块链技术，可以建立起基于密码学算法和共识机制的分布式信任体系，实现去中心化的信任验证。这意味着无须依赖第三方中介机构即可完成交易，并且所有参与者都能够对交易进行实时监督和验证。因此，区块链技术的应用将有助于降低信用风险，提高金融系统的稳定性和可靠性。

此外，区块链技术还具备强大的扩展性和灵活性。传统金融系统中，由于各种限制和局限性，很多金融服务往往只能在特定地域或特定行业范围内进行。而区块链技术则打破了这种限制，使得金融服务可以跨越地域、行业和组织边界进行。这为产业金融领域的发展带来了更多可能性和机遇。

2.1.2 大数据分析在风险评估中的作用

在产业金融领域，风险评估是一项至关重要且复杂的任务。随着信息技术的快速发展和数据规模的不断增加，大数据分析作为一种强大的工具，正逐渐在风险评估中发挥着重要作用。

首先，大数据分析可以帮助金融机构更准确地识别和预测潜在风险。通过对大量的数据进行收集、整理和分析，可以发现隐藏在海量数据背后的规律和趋势。这些数据包括企业财务信息、市场行情、供应链数据，等等。通过深入挖掘这些数据，金融机构能够更全面地了解企业的经营状况和市场环境，并及时发现可能存在的风险因素。

其次，大数据分析可以提高风险评估的精确度和效率。传统的风险评估方法通常依赖于专家判断和人工核实，耗时且容易受主观因素影响。而通过大数据分析技术，可以快速筛选出有关企业或项目的关键指标，并利用算法模型进行自动化处理和评估。这将极大地提高风险评估的准确性和效率，并帮助金融机构更好地做出决策。

最后，大数据分析还有助于建立更加完善的风险管理体系。通过对大数据的分析和挖掘，金融机构可以及时发现风险并采取相应的措施进行防范和化解。同时，大数据分析可以为风险管理提供更全面的信息支持，帮助金融机构制定更科学、更有效的风险管理策略。

综上所述，技术创新在产业金融领域具有重要意义。区块链技术和大数据分析作为两个重要的技术工具，在推动产业金融发展和提升风险评估能力方面发挥着关键作用。随着科技不断进步和应用场景的拓展，这些技术将为产业金融带来更多机遇，并推动行业向着更加智能化、高效化的方向发展。

2.2 政策支持与改革推动

2.2.1 开放金融市场

随着全球化进程的加速，产业金融面临着前所未有的机遇。政府采取了一系列措施来支持和推动产业金融的发展，其中之一就是开放金融市场。

首先，政府通过逐步放宽外资准入限制，吸引了更多的国际金融机构进入中国市场。这不仅为中国企业提供了更多的融资渠道和服务选择，还促进了金融市场竞争力的提升。外资银行、保险公司和证券公司的参与，为中国产业提供了更加多元化和专业化的金融产品和服务。

其次，政府积极推动利率市场化改革，并逐步放开对外汇市场的管制。这使得国内企业能够更灵活地进行跨境资本运作和风险管理，同时也增强了人民币在国际贸易中的使用和影响力。开放的金融市场为产业发展提供了更广阔的空间和更便捷高效的金融工具。

最后，政府还加大了对金融科技创新的支持力度。通过推动金融科技与实体经济深度融合，产业金融得以迅速发展。政府鼓励银行、保险公司等传统金融机构积极探索数字化转型，提供更便捷、高效的金融服务。同时，政府也鼓励和支持互联网科技企业进军金融领域，推动创新金融产品和服务的出现。

2.2.2 创新金融产品和服务

为了满足不断变化的产业需求和市场需求，产业金融在政策支持下积极探索创新，并推出了一系列新型金融产品和服务。

首先是供应链金融。随着全球贸易的增加，供应链成为连接各个环节的重要纽带。为了解决中小微企业的资金短缺问题，供应链金融应运而生。通过将核心企业、上下游企业和金融机构紧密连接起来，供应链金融能够实现资金流动的高效性和风险共担的特点。

其次是绿色金融。随着全球环境问题的日益突出，绿色发展已经成为全球共识。中国政府提出了低碳、环保、可持续发展的战略目标，并支持绿色金融的发展。绿色债券、绿色贷款等新型金融产品应运而生，为环保产业和可再生能源等领域提供了更多的资金支持。

最后是互联网金融。通过互联网技术的应用，传统金融服务得以更加普惠和高效地覆盖到广大用户。例如，互联网支付、众筹等新兴业态正在改变人们的支付习惯和投融资方式。

总之，政策支持与改革推动是产业金融面临机遇的重要因素之一。开放金融市场为企业提供了更多选择和便利，创新金融产品和服务满足了不断变化的需求。随着政府对产业金融支持力度的增加和市场环境的优化，产业金融将迎来更广阔的发展空间。

三、对策及建议

3.1 加强监管与风险管理能力

在当前经济发展的背景下，产业金融面临着各种挑战，包括市场波动、资金风险、信用问题等。为了应对这些挑战，加强监管与风险管理至关重要。下面探讨如何建立健全风险预警体系和提高企业信用评级体系来应对产业金融面临的挑战。

3.1.1 建立健全风险预警体系

建立健全的风险预警体系对于产业金融机构来说非常重要。通过及时识别和评估潜在的风险，采取相应的措施来防范和化解危机。以下是一些建议：

首先，建立信息共享平台。不同部门之间应该建立起信息共享机制，及时分享有关行业和企业的数据和信息。这将有助于形成更准确、全面的风险判断，并帮助相关机构更好地制定相应政策和措施。

其次，加强数据分析能力。利用大数据和人工智能等技术，对海量数据进行深度分析，以识别潜在的风险点。这将帮助监管机构更好地了解市场动态、企业状况和金融产品特征，从而提前预警并采取相应措施。

再次，建立风险评估模型。通过制定科学合理的风险评估模型，可以对不同行业和企业进行客观准确的风险评估。这将有助于监管机构更好地判断企业的信用状况，并及时采取必要的措施来防范潜在风险。

最后，完善监管政策和法规。监管机构应该加大对产业金融行业的监管力度，完善相关政策和法规，并及时跟进市场变化和新兴风险。同时，也需要加强对金融从业人员的培训和教育，增强他们的专业素养和风险意识。

3.1.2 提高企业信用评级体系

提高企业信用评级体系是加强产业金融监管与风险管理能力的重要举措。一个健全有效的信用评级体系可以帮助金融机构更好地了解企业的信用状况，评估其还款能力和风险水平。以下是一些建议：

首先，建立统一的信用评级标准。不同金融机构之间应该统一信用评级标准，确保评级结果的公正性和可比性。这将有助于提高信用评级的准确性和可靠性，并避免信息不对称带来的风险。

其次，加强对企业信用信息的收集和管理。金融机构应该加强与相关部门和企业之间的合作，收集并管理企业的信用信息。同时，也需要建立起完善的信息共享机制，以提高数据质量和时效性。

再次，加大对中小微企业的支持力度。中小微企业是产业经济发展的重要组成部分，但由于其规模较小、融资渠道有限等原因，往往面临着较高的信用风险。因此，在建立企业信用评级体系时应特别关注中小微企业，并通过优惠政策和贷款担保等方式提供更多支持。

最后，加强监管机构对评级机构的监管。监管机构应该加大对评级机构的监管力度，确保评级过程的公正性和专业性。同时，也需要建立起相应的惩罚机制，对违规行为进行严肃处理，以维护信用评级体系的稳定和可靠性。

综上所述，加强监管与风险管理能力是应对产业金融面临挑战的重要举措。通过建立健全的风险预警体系和提高企业信用评级体系，可以有效地识别和评估潜在风险，并采取相应措施来防范和化解危机。此外，还需要加强监管政策和法规以及对评级机构的监管工作，以确保整个产业金融系统的稳定运行。

3.2 推动金融科技发展

3.2.1 加强金融科技人才培养

随着金融科技的快速发展，产业金融面临着日益增长的人才需求。为了满足这一需求并推动金融科技的发展，加强金融科技人才培养是至关重要的。

首先，应该加强高等教育机构和职业培训机构对金融科技相关专业的设置和培养。这包括设立更多的金融科技相关专业课程，并引入前沿的理论和实践知识。同时，还需要与行业企业建立紧密联系，共同开展实践教学和实习项目，使学生能够在真实场景中锻炼和应用所学知识。

其次，政府部门应制定有针对性的政策措施来支持金融科技人才培养。例如，可以提供奖学金、补贴或贷款减免等形式的资助，鼓励更多优秀学生选择从事金融科技相关领域的学习和研究。同时，在招聘方面也可以给予金融科技人才更多的优惠政策，吸引他们加入产业金融领域。

最后，加大引进海外优秀金融科技人才的力度。通过与国外高校和科研机构的合作，建立跨国交流平台，吸引海外人才来华从事金融科技研究和创新工作。这不仅可以带来先进的理念和技术，还有助于提升我国产业金融在全球范围内的竞争力。

综上所述，加强金融科技人才培养是推动产业金融发展的重要一环。只有拥有高素质、专业化的人才队伍，才能够应对挑战并创造更多机遇。

3.2.2 支持金融科技创新项目

为了促进产业金融面对挑战时取得更好的效果，支持金融科技创新项目是必不可少的。

首先，政府应该制定相关政策来鼓励和支持金融科技创新项目。这包括设立专项资金，并出台税收减免等优惠政策，以降低创新项目的风险和成本。政府可以建立创新券制度，为金融科技企业提供技术支持和咨询服务，帮助它们解决技术难题。

其次，产业金融机构应积极参与金融科技创新项目，并提供相应的支持。这包括提供资金支持、技术支持和市场推广等方面的帮助。通过与创新企业合作，产业金融机构可以共同探索和开发新的商业模式和产品，从而满足市场需求并增强自身竞争力。

最后，应加强金融科技创新项目的监管和评估工作。监管部门应建立健全评估体系，对创新项目进行全面评估，并及时调整政策措施以适应市场需求变化。同时，还需要加强知识产权保护工作，为创新者提供良好的创造环境和法律保障。

综上所述，支持金融科技创新项目是推动产业金融发展的重要手段之一。通过政府、产业金融机构以及监管部门的共同努力，我们将能够培育更多的金融科技创新项目，为产业金融行业的发展注入持续的动力。

四、展望未来发展趋势

随着中国经济的快速发展和转型升级，产业金融作为支持实体经济发展的重要工具，面临着诸多挑战和机遇。在新的时代背景下，产业金融将迎来更加广阔的发展空间，并在以下几个方面展现出巨大潜力。

首先，技术创新将推动产业金融的进一步发展。随着科技的不断进步和应用，人工智能、大数据、区块链等技术正在逐渐渗透到金融领域。这些技术的应用将为产业金融提供更加高效便捷的服务，例如通过大数据分析企业风险、利用区块链技术提高交易安全性等。同时，科技创新也将催生出新的产业金融模式和产品，如智能贷款、供应链金融等，从而促进实体经济更好地获取资金支持。

其次，政策环境将为产业金融提供良好支持。中国政府一直致力于推动实体经济发展，并意识到了产业金融在其中的重要作用。政府将继续加大对产业金融的支持力度，通过推出相关政策和措施，鼓励金融机构加大对实体经济的支持力度，并提供更加优惠的利率、税收等政策。这将为产业金融提供更好的发展环境，促进其稳定和可持续发展。

再次，产业金融与实体经济的深度融合将成为未来发展的重要方向。传统上，金融与实体经济之间存在着较大的鸿沟，而产业金融正是弥合这一鸿沟的桥梁。未来，产业金融将进一步深化与实体经济各个领域的结合，打破行业壁垒，形成多层次、多样化的服务模式。例如，在农业领域，可以通过农村信用社等机构为农民提供贷款、保险等服务；在制造业领域，可以通过供应链金融帮助企业解决资金周转问题；在科技创新领域，则可以通过风险投资等方式支持创新型企业发展。这种深度融合将为中国实体经济提供更加丰富的金融服务，推动经济发展质量的提升。

最后，风险管理和监管将成为关乎产业金融未来发展的越来越重要的议题。随着产业金融规模的扩大和创新产品的涌现，风险管理和监管也面临新的挑战。政府和金融机构需要加强对产业金融风险的识别、评估和控制，并建立完善的监管框架和制度。同时，科技创新也将为风险管理和监管提供新的手段，如利用人工智能进行风险预警、区块链技术确保交易安全等。通过健全风险管理体系和有效监管措施，产业金融能够更好地服务于实体经济，并为经济稳定发展作出贡献。

综上所述，产业金融在中国经济转型升级中具备巨大潜力。未来，技术创新、政策环境以及风险管理与监管等方面都将为产业金融提供更加广阔的发展机遇。只有抓住这些机遇，应对挑战，产业金融才能不断壮大，为实体经济的发展提供更加坚实的支持。

五、本章小结

在本章中，我们详细分析了产业金融面临的挑战和机遇，并探讨了政策支持、科技创新以及未来展望。

首先，我们指出了产业金融面临的挑战。随着经济发展的不断推进，产业金融在支持实体经济方面扮演着至关重要的角色。然而，由于传统金融模式的限制以及市场需求变化带来的压力，产业金融面临着一系列挑战，其中包括资金供给不足、信息不对称、风险控制难度大等问题。

其次，我们深入探讨了产业金融所面临的机遇。随着科技创新的迅速发展和互联网技术的广泛应用，产业金融有机会通过数字化转型和创新模式来应对挑战。例如，通过大数据分析和人工智能技术，可以提高风险评估能力和决策效率；通过互联网平台建设，可以拓宽资金来源渠道和服务范围；通过区块链技术，可以增强交易透明度和安全性。

再次，我们还强调了政府的重要角色和政策支持。政府在产业金融发展中具有重要的引导作用。通过制定相关政策和法规，如鼓励创新、降低市场准入门槛、加强监管等措施，可以有效推动产业金融的健康发展。同时，政府可以加大对科技创新的支持力度，培育金融科技企业，推动产业金融与科技创新的深度融合。

最后，我们展望了未来产业金融的发展趋势。随着经济结构调整和技术进步的不断推进，产业金融将迎来更多机遇和挑战。我们预计，在数字化转型和科技创新的推动下，产业金融将逐渐实现智能化、高效化，并向更广泛领域拓展。同时，在全球经济一体化背景下，跨境产业金融也将成为一个重要发展方向。

总之，产业金融面临着诸多挑战和机遇。通过政策支持、科技创新以及积极应对未来发展趋势，我们有信心产业金融将为实体经济的发展提供更加优质、高效的服务。

第3章

03 产业结构调整推动产业金融创新与变革

一、产业结构概述、背景及现状

1.1 企业、行业及产业的概念梳理

企业、行业和产业在经济发展和市场竞争中起着不可或缺的作用。本节将对这些概念进行详细探讨，以便读者更好地理解产业金融服务产业的基本逻辑。

1.1.1 企业的概念

企业是指一组从事生产或提供服务活动的组织实体，可以是私营企业、国有企业或合作社等形式。企业的目标通常是通过创造价值和获利来满足市场需求，并提供就业机会。在市场经济中，企业是经济活动的主体之一，承担着资源配置、创新和竞争等重要角色。

1.1.2 行业的概念

行业是指具有相似生产过程、产品或服务特征的企业集合，可以分为制造行业、服务行业、金融行业等多个类别。在一个特定的行业中，企业之间通常存在竞争关系，并且受到同一类产品或服务供应商的影响。了解所处行业的竞争格局和发展趋势对于企业制定战略决策具有重要意义。

1.1.3 实体思维概念

产业是指一组相关的行业和企业。它涵盖了从原材料提供商到最终消费者之间的全部环节。产业可以是一个完整的供应链，也可以是一个由多个相互关联的产业构成的复杂系统。例如，汽车产业包括汽车制造、零部

件供应、销售和售后服务等多个环节。

理解企业、行业和产业之间的关系对于分析经济发展和市场竞争具有重要意义。在实际应用中，研究者和决策者常常使用这些概念来评估市场结构、预测趋势以及制定政策措施。

在进行产业经济学研究时，我们需要考虑不同层次上的企业、行业和产业之间的相互作用。企业的竞争行为会影响所处行业的市场结构，而行业发展趋势又会对整个产业产生深远影响。因此，对于企业战略决策者来说，深入了解并把握企业、行业和产业之间的关系非常重要。

总结起来，在产业经济学中，企业是经济活动的主体，行业是相似企业的集合，而产业则涵盖了相关的行业和企业。深入理解这些概念有助于我们更好地把握经济发展和市场竞争的本质，为企业的发展和决策提供有力支持。

1.2 产业经济学的定义

产业经济学是研究产业发展和运行规律的学科，它关注的是不同产业之间的相互作用、竞争与合作关系，以及这些关系对整体经济系统的影响。通过对产业结构、竞争力、创新能力等方面进行深入分析，产业经济学为企业和政府制定战略决策提供了理论依据。

1.2.1 产业结构分析

产业结构是指一个国家或地区所拥有的各个产业部门的相对规模和比重，以及它们之间的关系和互动。它反映了一个经济体内不同产业之间的相互依存程度和发展水平。

在产业经济学中，研究产业结构可以帮助我们了解一个国家或地区经济发展的现状和趋势，为政府制定相关政策提供依据，并为企业选择适合自身发展的战略方向提供参考。

首先，产业结构反映了一个国家或地区所拥有的不同产业部门的相对规模和比重。通常来说，一个经济体内存在着农业、工业、服务业等不同类型的产业。通过分析各个产业在整体经济中所占比例，我们可以判断一个国家或地区的经济特征以及其主要支柱产业是什么。例如，如果农业在整体经济中占据较大比重，则表明该国家或地区仍然以农产品生产为主导；而如果服务业占据较大比重，则说明该国家或地区更加注重发展高附加值的服务领域。

其次，产业结构反映了不同产业之间的关系和互动。一个国家或地区的不同产业部门之间存在着供应链、价值链等复杂的关联网络。通过研究产业结构，我们可以了解到各个产业之间的相互依存程度和协作关系。例如，工业部门为农业部门提供机械设备和化肥等生产要素，而农业部门则为工业部门提供原材料；服务业则为其他产业提供金融、物流等支持服务。这些相互关系对于整体经济的稳定运行和可持续发展至关重要。

最后，产业结构分析有助于揭示一个国家或地区经济发展的现状和趋势。通过长期观察不同产业在整体经济中的比重变化，我们可以判断一个国家或地区经济结构是否逐渐优化升级，以及其经济转型进程是否顺利进行。例如，在发达国家中，随着科技进步和知识经济的兴起，服务业在整体经济中所占比重逐渐增加，而传统制造业则逐渐减少。这种变化反映了这些国家正朝着更加现代化、高端化的产业结构发展。

综上所述，产业结构是产业经济学中一个重要的概念，它涉及一个国家或地区不同产业部门的规模和比重、相互关系以及经济发展趋势等方面。通过深入分析和研究产业结构，我们可以更好地了解一个经济体的特征和发展趋势，并为相关政策制定和企业战略选择提供指导。

1.2.2 竞争与合作关系分析

竞争与合作是产业经济学中重要的概念，它们对于企业和整个产业的发展具有深远影响。下面对竞争与合作关系进行详细分析，并探讨其对产业经济的影响。

（1）竞争关系分析。

竞争是市场经济中不可避免的现象，它体现了企业之间为获取资源、市场份额和利润而展开的行为。竞争可以分为直接竞争和间接竞争两种形式。

直接竞争指的是同一产业内企业之间的直接角逐。在直接竞争中，企业之间通过降低价格、提高产品质量、增加广告宣传等手段来吸引消费者，并获得更多的市场份额。同时，企业也会注重技术创新和研发投入，以提高自身在市场上的竞争力。

间接竞争则是指不同产业之间或相关产业之间的竞争关系。这种竞争主要体现在供应链、渠道销售等方面。例如，在汽车产业中，汽车制造商与零部件供应商之间存在着竞争关系，而汽车制造商与销售渠道商之间也存在着竞争关系。通过有效的供应链管理和渠道合作，企业可以降低成本、提高效率，并在市场中获得竞争优势。

（2）合作关系分析。

合作是指企业之间为了实现共同利益而进行的合作行为。在产业经济学中，合作关系主要体现在产业链上的各个环节。

一是产业内部的合作，即企业内部不同部门之间的协同合作。例如，在一个电子产品制造企业中，研发部门、生产部门和销售部门需要紧密配合，共同完成产品的开发、生产和销售工作。这种内部合作可以提高企业的生产效率和创新能力。

二是产业链上下游企业之间的合作关系。上游企业通常是原材料供应商或零部件制造商，下游企业则是产品加工或销售渠道商。这些企业通过供应链管理、技术交流等方式展开合作，实现资源共享和风险共担。通过有效的供应链协调和合理的分工安排，整个产业链可以更加高效地运转。

三是企业之间可以通过联盟、合资等形式进行更广泛的合作。这种跨企业的合作可以共同开展市场拓展、技术研发和资源整合等活动，实现优势互补和规模效应。

（3）竞争与合作关系对产业经济的影响。

竞争与合作关系直接影响产业经济的发展和竞争格局。竞争可以激发企业创新活力，推动技术进步和产品质量提升。同时，竞争也可能导致产业过度竞争和价格战，给企业带来压力。合作关系则能够促进资源共享、风险分担和效率提高。通过有效的合作，企业可以减少生产成本、扩大市场份额，并在全球化背景下增强国际竞争力。

总之，竞争与合作是产业经济中不可或缺的两个方面。企业需要在竞争中保持自身优势，并在合作中寻找机会，以实现可持续发展。同时，政府也应积极引导和监管竞争与合作关系，维护公平市场环境并促进产业经济的健康发展。

1.2.3 创新能力分析

在产业经济学中，创新被认为是推动经济增长和产业竞争力提升的重要驱动。创新能力指企业或产业在技术、产品、服务等方面进行持续改进和创新的能力。它不仅仅包括技术研发和科学创新，还涵盖了组织管理、市场营销等方面。具备较强创新能力的企业或产业通常能够不断推出具有竞争优势的产品或服务，并在市场上取得成功。

（1）创新能力评估指标。为了全面评估一个企业或产业的创新能力，可以采用多项指标来衡量。常见的评估指标包括研发投入比例、专利数量与质量、产品差异化程度、市场份额增长率等。通过这些指标可以客观地反映出企业或产业在技术研发、知识产权保护和市场开拓等方面的实际表现。

（2）创新环境与政策支持。创新能力的发展需要有良好的创新环境和政策支持。一个有利于创新的环境应该包括完善的科研机构和高等教育系统、健全的知识产权保护制度、开放的市场竞争环境等。同时，政府也可以通过制定相关政策来鼓励企业加大技术研发投入、提供财税支持、加强人才培养等，以推动创新能力的提升。

（3）创新能力对产业发展的影响。具备较强创新能力的企业或产业通常具有以下几个方面的优势：一是提升市场竞争力。通过不断推出具有差异化优势的产品或服务，企业或产业能够在市场上取得竞争优势，提高市场份额。二是促进技术进步。创新能力使企业或产业能够不断引入先进技术，并将其转化为生产力，从而推动技术进步。三是降低成本提高效率。创新能力可以帮助企业或产业改进生产工艺、提高管理效率，从而降低生产成本并提高经济效益。四是增加就业机会。创新能力的提升通常伴随着企业或产业规模的扩大，从而创造更多的就业机会，促进经济发展和社会稳定。

总结起来，产业经济学通过对产业结构、竞争与合作关系以及创新能力的分析，为企业和政府提供了理论依据和决策参考。通过深入研究产业经济学，可以更好地把握产业发展的趋势和规律，促进经济可持续发展，并推动整体社会的进步与繁荣。

二、产业结构问题概述及产业结构调整的意义

2.1 产业结构问题概述

2.1.1 产业结构问题的种类

产业结构问题是指在一个国家或地区的经济体系中存在的不合理、不平衡或不稳定的产业结构现象。这些问题可能涉及各个层面和领域，包括产业类型、产业组织形式、产业布局等方面。在进行产业结构调整时，我们需要面对一系列的产业结构问题：

（1）传统产业升级与转型。许多传统行业面临着技术进步、市场需求变化等挑战。例如，传统制造业需要通过引入先进的生产技术和数字化转型来提高效率和质量，以适应现代市场竞争。

（2）新兴产业发展不平衡。随着科技进步和经济发展，新兴产业如信息技术、生物科技、新能源等蓬勃发展。然而，在不同地区和国家之间存在着发展不平衡的现象，一些地区因缺乏相关资源和条件而无法迅速发展新兴产业。

（3）资源配置失衡。某些行业或地区过度依赖单一资源或产品，导致资源配置失衡。这种情况下，一旦资源供给出现问题或市场需求变化，就会带来严重的经济风险。

（4）环境污染和资源浪费。一些行业在发展过程中产生大量的污染物和废弃物，对环境造成严重影响。同时，资源的过度开采和浪费也加剧了

资源短缺的问题。

（5）产业链条不完整。一些行业的产业链条不够完善，存在着关键环节薄弱或缺失的情况，限制了产业的协同发展和创新能力。

2.1.2 我国产业结构发展现状

当前，我国经济正处于转型升级的关键阶段，产业结构调整成为推动经济发展的重要手段。然而，我国产业结构在快速发展的同时也面临着一些问题和挑战。

（1）我国产业结构呈现出过度依赖传统制造业的特点。虽然近年来我国制造业取得了长足的发展，但其主要集中在劳动密集型、资源密集型和低附加值领域，高端制造业相对薄弱。这种结构性失衡导致了我国在全球价值链中处于较低端位置，缺乏核心技术和品牌影响力。此外，我国产业结构仍然存在区域差异明显的问题。沿海地区相对于内陆地区具有明显的产业优势和较高的经济发展水平，而西部地区和东北老工业基地则存在着严重的产能过剩和经济增长放缓等问题。这种区域不平衡导致资源配置不合理、竞争力不均衡，并且容易引发社会稳定风险。

（2）我国产业结构中新兴产业和服务业发展相对滞后。随着科技进步和消费升级的推动，新兴产业如信息技术、生物医药、新能源等具有巨大的发展潜力。然而，这些领域在我国产业结构中所占比重较低，创新能力和核心竞争力相对不足。同时，服务业也存在着规模小、效率低、质量不高等问题，与我国经济发展水平不相适应。

（3）我国产业结构调整面临环境污染和资源约束等问题。传统制造业过度依赖能源资源和原材料，并伴随着大量的废弃物排放和环境污染问题。此外，随着人口增长和城市化进程加快，对于土地、水资源等方面的需求也越来越大。这些问题给我国的可持续发展带来了压力。

综上所述，尽管我国在产业结构调整方面取得了一定成就，但仍然存在诸多问题需要解决。为实现更高质量、更可持续的经济发展目标，我们需要加强创新驱动和技术进步，推动高端制造业和新兴产业发展；加强区域协调发展，减少地区差异；促进服务业转型升级，提高经济增长质量；加大环境保护力度，推动绿色发展。通过综合施策，我们有望实现产业结构的优化和升级，为我国经济持续健康发展提供强劲支撑。

2.2 产业结构调整的意义

产业结构调整是指通过改变不同产业在经济中的比重和地位，推动经济发展向更加高效、可持续和具有竞争力的方向转变。产业结构调整的意义主要体现在以下几个方面。

2.2.1 促进经济增长

产业结构调整可以优化资源配置，提高生产效率和技术水平，激发经济增长潜力。通过引导资源向具有较高附加值和创新能力的行业转移，可以推动经济从传统低附加值产业向高科技、高端制造等战略性新兴产业转型升级。

2.2.2 提升国际竞争力

通过产业结构调整，可以培育壮大具有国际竞争力的优势产业，并加强相关企业的创新能力、品牌建设能力和国际市场拓展能力，有助于提升国家或地区在全球价值链中的地位，增强对外贸易竞争优势。

2.2.3 实现可持续发展

合理调整产业结构可以减少环境压力和资源消耗，推动绿色发展。通过促进清洁能源、节能环保、循环经济等领域的发展，可以降低对环境的负面影响，提高资源利用效率，实现经济与生态环境的协调发展。

2.2.4 促进就业和社会稳定

产业结构调整不仅关乎经济增长，也关系到就业机会和社会稳定。通过推动新兴产业和服务业的发展，可以创造更多就业机会，并提供更好的职业选择和发展空间，有助于减少失业压力，改善民生福祉。

2.2.5 提高人民生活水平

优化产业结构可以满足人民日益增长的消费需求。随着经济转型升级，人们将享受到更多高品质、个性化和创新型产品和服务，提高生活品质和幸福感。

总之，产业结构调整是推动经济转型升级、实现可持续发展、提升国际竞争力的重要手段。它涉及政府政策引导、企业创新能力、市场需求等多个方面的因素，并需要全社会共同努力。

2.3 产业结构调整的举措

产业结构调整是实现产业金融创新与变革的重要驱动力。为了适应经济发展和市场需求的变化，企业和政府需要采取一系列措施来推动产业结构的调整和优化。

2.3.1 优化资源配置

产业结构调整首先要做好资源的合理配置，优化土地、劳动力、资本等资源的分配，提高资源利用效率。政府可以通过制定相应的政策，鼓励企业在技术创新、研发投入等方面加大力度，以提高资源配置效益。

2.3.2 促进技术创新

技术创新是推动产业结构调整的核心驱动力之一。通过加强科研机构与企业之间的合作，提供更多支持和激励，鼓励企业加大技术研发投入，提升产品质量和技术水平。此外，政府可以加强知识产权保护工作，为企业创新提供良好环境。

2.3.3 加强人才培养

产业结构调整需要具备相关专业知识和技能的人才支持。政府和企业应加大对人才培养的投入，提供更多的培训机会，鼓励人才创新创业。此外，可以引进优秀的人才和团队，通过技术交流和合作促进产业结构调整。

2.3.4 加强国际合作与开放

产业结构调整需要与国际接轨，借鉴国际先进经验和理念。政府可以积极推动国际合作交流，吸引外资，引进先进技术和管理经验。同时，在对外开放过程中要注重保护本土产业，避免不良竞争。

2.3.5 推动绿色发展

在产业结构调整中，环境保护和可持续发展是重要考虑因素之一。政府应制定环保政策和法规，促使企业实施节能减排措施，并鼓励发展清洁能源、循环经济等绿色产业。

2.3.6 改革金融体系

金融体系是支撑产业发展的重要基础。政府可以通过金融改革措施，提供更加便捷、灵活的融资服务，支持产业结构调整。同时，加强金融监管，防范金融风险，为产业创新提供稳定的金融环境。

通过以上措施的实施，可以推动产业结构调整的深入进行。政府、企业和社会各界应共同努力，形成良好的发展环境和氛围，促进产业金融创新与变革的不断推进。

三、产业结构调整对产业金融创新与变革的影响

随着产业结构调整，市场需求也会发生相应变化。这就要求金融机构通过创新产品和服务满足不同行业、不同阶段企业的需求，推动产业金融创新与变革。

产业结构调整的目标之一是实现产业升级。金融机构可以通过提供风险投资、技术创新等方式支持新兴产业和高技术领域的发展，推动产业升级和转型发展。随着产业结构调整，涉及的风险也会相应增加。金融机构需要加强风险管理能力，提供有效的风险评估和控制手段，确保金融系统稳定运行。

产业结构调整需要金融机构更好地服务于实体经济。通过创新金融产品和服务模式，提高金融机构对实体经济的支持力度，为企业提供更加便捷、灵活的资金支持。

3.1 机遇

产业结构调整是指通过优化和重组各个行业的比重和布局，以适应经济发展的需要。在当前快速发展的经济环境中，产业结构调整成了推动经济转型升级的关键举措。与此同时，产业金融作为服务于实体经济发展的重要力量，也面临着巨大的机遇与挑战。

3.1.1 促进创新

产业结构调整能够促进各个行业之间的融合与创新，为产业金融带来更多的投资机会。例如，在传统制造业向智能制造转型过程中，需要大量

资金支持和技术创新，这就为产业金融提供了广阔的市场空间。

3.1.2 拓宽服务领域

随着产业结构调整深入推进，新兴产业和服务型行业不断涌现。这些行业对于金融服务需求日益增长，如互联网金融、绿色金融等。因此，通过与这些行业深度合作，产业金融能够拓宽自身的服务领域，提供更多创新性的金融产品和服务。

3.1.3 优化风险管理

产业结构调整为产业金融提供了优化风险管理的机遇。通过对各个行业发展趋势的深入研究和洞察，产业金融可以更好地识别和评估风险，从而采取相应的措施进行风险防范和控制。

3.2 挑战

3.2.1 不确定性因素

产业结构调整所带来的变革是复杂而多样化的，其中存在着不确定性因素。这些不确定性因素可能会对产业金融带来一定的挑战，需要及时应对并采取相应策略。

3.2.2 技术创新压力

随着产业结构调整加速推进，技术创新成了推动经济发展和行业升级的重要驱动力。然而，对于传统金融机构而言，要适应这种快速变革的需求并实现技术创新，并不是一件容易的事情。

3.2.3 监管政策调整

随着经济形势和市场需求的变化，监管政策也需要相应调整。这对产业金融来说既是机遇又是挑战，需要在合规的前提下灵活应对。

四、本章小结

产业结构调整对产业金融的影响既带来了机遇，也带来了挑战。在产业结构调整中，产业金融在促进创新、拓宽服务领域和优化风险管理等方面发挥着重要作用。

首先，产业金融能够通过促进创新来推动产业结构调整。随着经济发展和技术进步，各个行业都在不断变革和更新，而创新是推动行业发展的重要驱动力。产业金融可以为企业提供资金支持和风险管理工具，激励企业进行技术研发和产品创新，从而加快行业的转型升级。

其次，拓宽服务领域是产业金融在产业结构调整中的又一重要作用。随着经济形势的变化，市场需求也在不断演变。传统的金融服务已经不能满足企业和个人多样化、个性化的需求。因此，产业金融需要不断拓展服务领域，为各类企业提供更加个性化、差异化的金融产品与服务。

最后，在产业结构调整中，优化风险管理也是产业金融的重要职责之一。随着经济环境的变化，市场风险和信用风险都在不断增加。产业金融需要积极应对这些挑战，通过建立健全风险管理体系、提供风险评估和防范工具等方式，有效控制风险并保护投资者的利益。

然而，产业金融在面临机遇的同时也面临着一些挑战。

一是不确定性因素。产业结构调整涉及多个方面，包括政策环境、市场需求、技术创新等等，这些因素都存在着一定的不确定性。产业金融需要时刻关注和分析这些不确定因素，并灵活调整自身策略以适应变化。

二是技术创新压力。随着科技进步的加速和数字化转型的推进，传统金融行业正在面临巨大的变革压力。新兴科技如人工智能、区块链等正在改变金融服务方式和商业模式。产业金融需要积极引入科技创新成果，并加强与科技企业合作，以提升自身的竞争力和创新能力。

三是监管政策调整。随着产业结构调整的深入推进，相关的监管政策也在不断调整与完善。产业金融需要密切关注政策变化，及时调整自身经营模式，合规经营，并积极参与相关政策的制定过程，为产业结构调整提供良好的金融支持。

综上所述，产业结构调整给产业金融带来了机遇与挑战。通过在促进创新、拓宽服务领域和优化风险管理等方面发挥作用，产业金融能够更好地推动产业金融的发展和变革。然而，在面对不确定性因素、技术创新压力和监管政策调整等问题时，产业金融需要保持足够的重视，并及时采取相应措施以应对挑战并实现可持续发展。

04 第4章 金融科技对产业金融的影响研究

随着科技的不断进步和金融行业的快速发展，金融科技已经成为当前热门的话题之一。金融科技以其高效、便捷、创新的特点，深刻改变了传统金融行业的格局与运行方式。产业金融作为金融行业中重要的分支之一，在金融科技的影响下也面临着前所未有的机遇和挑战。

一、背景介绍

在全球范围内，随着信息技术和互联网应用水平不断提高，产业金融正逐渐成为推动经济增长和结构调整升级的重要力量。作为支持实体经济发展、促进产业升级的重要手段，产业金融在国民经济中的地位日益凸显。然而，传统金融模式存在着信息不对称、服务效率低下等问题，制约了其更好地为实体经济服务。

正是在这样的背景下，金融科技迅速崛起并引起广泛关注。金融科技以其强大的技术支撑和创新性的商业模式，在提高金融服务效率、降低交易成本、拓宽金融渠道等方面具有独特优势，尤其是在互联网、大数据、人工智能等领域的突破与应用，极大地推动了金融科技的发展。

对于产业金融而言，金融科技既带来了机遇也带来了挑战。首先，金融科技为产业金融提供了更多元化、个性化的服务方式。通过运用大数据分析和人工智能等技术手段，可以更好地评估企业信用风险，提供定制化的贷款方案，满足不同行业和企业的特殊需求。其次，金融科技改变了传统银行业务的模式，增加了产业金融的竞争压力。新兴的金融科技公司以其灵活高效的运营方式和创新性的产品服务，吸引了越来越多的客户。

同时，金融科技发展也存在着一些潜在风险和挑战。首先，随着金融科技快速发展，信息安全问题成为一个突出的难题。网络黑客攻击、数据泄露等风险对于产业金融安全构成了严峻挑战。其次，在金融科技应用中可能存在着监管缺失、风险管理不完善等问题，需要相关部门加大监管力度，确保金融科技发展与风险防控相协调。

综上所述，金融科技发展对产业金融产生了深远影响。它为产业金融提供了更多机遇和选择，并推动其向更高质量、更高效率方向发展。然而，在享受机遇的同时也需要警惕其中潜在的风险和挑战。只有合理应用并有效管理好金融科技，才能实现产业金融与经济社会可持续发展的良性互动。

二、金融科技的概念和发展现状

2.1 金融科技的概念

金融科技（financial technology，简称 FinTech）是指利用先进的信息技术和通信技术，以及创新的商业模式和服务方式，对传统金融行业进行革新和重塑的新兴产业。它旨在通过运用科技手段提高金融服务的效率、降低成本、改善用户体验，推动金融市场的创新与发展。

2.2 金融科技发展历程回顾

随着信息技术的快速发展和互联网的普及，金融科技迅速崛起并对传统金融业产生了深远影响。下面对金融科技从早期创新到现代化应用的历程进行回顾，探讨其在产业金融领域中所带来的重要变革。

2.2.1 早期创新阶段（2000 年前）

在金融科技发展的早期阶段，特别是在 2000 年之前，金融业界开始意识到科技可以对传统金融模式进行改进和优化。这一时期的金融科技创新主要集中在以下几个方面：电子支付、互联网银行、电子商务和数据分析。

首先，电子支付系统成了金融科技领域最重要的突破之一。随着互联网的普及和电子商务的兴起，人们对于线上支付方式的需求不断增加。这促使各大银行和支付机构纷纷推出了各种便捷的电子支付工具，例如在线银行转账、信用卡支付和第三方支付平台等。这些创新让消费者能够更加方便地进行跨境交易、在线购物以及移动支付。

其次，互联网银行成了金融科技发展历程中的重要里程碑。传统银行通过建立在线平台来提供各类服务，包括查询账户余额、转账和申请贷款等。互联网银行不仅提供了更高效便捷的服务，也降低了运营成本，使得更多人能够享受到金融服务。这一创新对于改善金融机构与客户之间的互动关系起到了积极作用。

再次，电子商务在早期金融科技发展中扮演了重要角色。随着互联网技术的发展和普及，越来越多的企业开始将传统的线下商业模式转移到电商平台上进行经营。电子商务为消费者提供了更广泛的选择、便捷的购物方式以及全天候的服务。同时，电子商务也为企业带来了新的销售渠道和市场机会。

最后，数据分析在金融科技创新中起到了重要作用。随着互联网应用的普及，大量数据被生成并存储起来。金融机构开始利用数据分析技术来挖掘潜在商机、优化风险管理以及改进客户体验等。通过对大数据进行分析和挖掘，金融机构能够更好地理解客户需求，并基于数据驱动做出决策。

综上所述，在2000年之前的早期创新阶段，金融科技主要集中在电子支付、互联网银行、电子商务和数据分析等方面。这些创新为金融业带来了更高效、便捷和个性化的服务，也为后续金融科技的发展奠定了基础。

2.2.2 移动互联网时代（2000—2010 年）

随着新千年的到来，移动互联网技术的迅猛发展成为金融科技领域的一大亮点。在这个十年里，移动互联网技术的普及和创新极大地改变了人们的生活方式和金融行业的发展模式。

（1）移动支付崛起。

随着手机普及率的提高，以及无线通信技术和安全支付技术的突破，移动支付开始逐渐进入人们生活。2003 年，日本推出了世界上第一个大规模商用移动支付系统——NTT DoCoMo 公司的“iモード”服务。这种基于手机网络连接并具备电子钱包功能的服务，在日本市场引起了轰动，并成为全球范围内其他国家推广移动支付服务的参考。

在中国，由于手机用户数量庞大且快速增长，加之传统银行业务尚未完全覆盖到每个角落，2005 年中国运营商中国移动、中国电信、中国联通相继推出了自己的移动支付服务。这些移动支付服务以便捷、安全、实时的特点受到了用户的欢迎，为中国金融行业带来了一次革命性的变革。

（2）互联网金融崭露头角。

在移动互联网时代，互联网金融也成为一个备受关注的领域。通过利用互联网技术和大数据分析，金融机构可以更好地理解客户需求，并提供个性化、高效率的金融服务。

2005 年，中国首家 P2P（Peer-to-Peer，个人对个人）网络借贷平台诞生。这种以互联网为基础的借贷模式使得资金流动更加快捷便利，同时也降低了中间环节和交易成本。P2P 借贷平台迅速发展起来，并对传统银行业务形成了一定冲击。

此外，在移动互联网时代，电子商务也迅速崛起。阿里巴巴集团于 1999 年创立，在 2003 年推出了淘宝网，开启了中国电子商务的新篇章。随着淘宝等电商平台的兴起，人们可以通过手机轻松购物、支付和理财，互联网金融逐渐深入人们的日常生活。

（3）金融科技创新如火如荼。

移动互联网时代，金融科技创新如火如荼地进行。除了移动支付和互联网金融，还涌现出一系列的金融科技创新，包括数字货币、区块链技术、智能投顾等。

2008年，中本聪提出了比特币的概念，并开发了第一个区块链系统。这种基于去中心化、分布式账本技术的创新在全球范围内引起了巨大反响，并对传统金融体系产生了冲击。随着区块链技术的不断成熟，它被广泛应用于金融领域，改变了传统的交易方式和信任机制。

总结起来，移动互联网时代是金融科技发展的重要里程碑。移动支付的崛起、互联网金融的兴起以及金融科技创新与监管挑战都对金融行业产生了深远影响。这个时期的发展为后续金融科技的创新奠定了基础，并推动了整个金融行业向数字化、智能化方向迈进。

2.2.3 大数据与人工智能时代（2010年至今）

在过去的十年里，随着科技的迅速发展和应用的广泛推广，大数据和人工智能成了金融科技领域中最具影响力的两个关键词。这一时期被誉为大数据与人工智能时代，其引领了金融行业的变革和创新。

（1）大数据在金融行业中的应用。

大数据的概念首次出现于2010年左右，它指的是海量、高速生成的结构化和非结构化数据。随着移动互联网、社交媒体等技术的飞速发展，金融机构开始意识到利用这些海量数据可以帮助企业更好地了解客户需求、优化风险管理以及提升运营效率。

在金融行业中，大数据被广泛应用于市场营销、风险控制、反欺诈等方面。通过对客户行为数据进行分析，银行可以更准确地定位目标客户，并提供个性化推荐服务；同时，通过对交易数据和网络活动数据进行监测和分析，银行可以实时监测异常交易和欺诈行为，从而降低风险。

此外，大数据还被应用于信用评估和风险预测。传统的信用评估模型主要依赖于个人的财务状况和信用历史，而大数据可以基于更全面的信息来评估个人的信用风险，例如社交媒体上的行为数据、手机位置数据等。同时，通过对历史交易数据和市场数据进行分析，金融机构可以利用大数据技术来预测市场趋势和风险变动，从而做出更明智的投资决策。

（2）人工智能在金融行业中的应用。

与大数据相伴而生的是人工智能技术。人工智能是一种模拟人类智能的技术系统，它包括机器学习、自然语言处理、计算机视觉等多个领域。在金融行业中，人工智能被广泛应用于客户服务、投资管理、风险控制等方面。

首先，在客户服务方面，金融机构通过引入聊天机器人等自动化系统来提供更高效和个性化的服务。这些机器人可以理解客户提出的问题，并根据事先设定好的规则或通过机器学习算法来给出准确的回答。这不仅能减少人工客服的工作量，还可以提升客户满意度。

其次，在投资管理方面，人工智能被广泛应用于量化交易和智能投顾。量化交易基于大数据和机器学习算法，通过分析历史数据和市场趋势来制定交易策略，并利用计算机程序实现自动化交易。智能投顾则是通过分析客户的风险偏好、财务状况等信息，为客户提供个性化的投资建议。

最后，在风险控制方面，人工智能可以帮助金融机构更快速地识别和评估风险。通过对海量数据的分析和模型训练，人工智能可以发现隐藏在数据背后的规律和异常情况，并及时进行预警和处理。

大数据与人工智能时代给金融科技带来了巨大的变革和创新。大数据使得金融机构能够更好地理解客户需求、优化风险管理以及提升运营效率；而人工智能则为金融行业带来了更高效、个性化的服务以及智能化的投资管理和风险控制。这两者的结合将进一步推动金融科技的发展，为金融行业带来更多机遇和挑战。

2.3 金融科技的发展现状

2.3.1 技术驱动推动创新

随着信息技术和通信技术的迅猛发展，人工智能、大数据分析、区块链等先进技术被广泛应用于金融领域。这些技术不仅提升了传统金融服务的效率，还催生出一系列全新的金融产品和服务。

2.3.2 互联网思维引领变革

互联网思维对金融行业产生了深远影响。以互联网为基础的平台模式不断涌现，打破了传统银行作为中介的垄断地位，为更多的个人和中小微企业提供了便捷的融资渠道。

2.3.3 移动支付崛起改变支付方式

随着智能手机和移动互联网的普及，移动支付成为金融科技领域的一大亮点。通过扫码、NFC 等技术，用户可以实现线上线下购物、转账汇款等多种金融操作，使支付更加方便快捷。

2.3.4 金融监管面临挑战

金融科技的快速发展也对传统金融监管提出了新的挑战。传统监管模式往往无法适应金融科技创新的需求，因此需要制定相应政策和法规来引导和规范金融科技行业的发展。

2.3.5 产业金融迎来新机遇

金融科技对产业金融产生了深远影响。通过利用大数据分析、人工智能等技术手段，可以更精准地评估企业信用风险，并为中小企业提供更便捷、灵活的贷款服务。同时，基于区块链技术的供应链金融也得到了广泛应用，有效地解决了中小企业融资难题。

综上所述，金融科技作为一种新兴的产业形态，正在深刻改变着传统金融行业的运作方式和生态格局。随着技术的不断进步和应用场景的拓展，金融科技有望在未来进一步发挥其巨大潜力，为金融行业带来更多创新和机遇。然而，在推动金融科技发展的同时，也需要加强监管和风险控制，确保金融系统的稳定与安全。

三、金融科技对产业金融的影响

3.1 自动化与智能化技术在产业金融中的应用

随着金融科技的迅速发展，自动化与智能化技术在产业金融中得到了广泛应用。这些新兴技术不仅提高了产业金融的效率和准确性，还为企业和个人带来了更多的便利和机遇。

3.1.1 自动化技术在产业金融中的应用

（1）数据处理与分析：自动化技术使得大规模数据的处理更加高效和准确。通过使用智能算法和大数据分析工具，产业金融机构可以快速地对海量数据进行处理和分析，识别出潜在的商机和风险，并做出相应的决策。

（2）风险管理：自动化风险管理系统可以实时监测市场情况，并通过预设规则进行风险评估和控制。这种系统可以及时发现并防范潜在风险，提高企业经营决策的准确性和及时性。

（3）交易执行：自动交易系统可以根据预先设定的算法，在无须人工干预的情况下进行交易操作。这样一方面减少了人为错误的发生，另一方面提高了交易的效率和执行力。

（4）客户服务：自动化客户服务系统可以通过智能化的机器人与客户进行沟通和交流，解答问题、提供咨询等。这种方式不仅提高了客户满意度，还降低了企业运营成本。

3.1.2 智能化技术在产业金融中的应用

（1）人工智能风控：人工智能技术可以通过学习和模拟人类判断风险的过程，帮助产业金融机构更准确地评估借贷申请人的信用风险。同时，基于大数据分析和机器学习算法，智能化风控系统可以实时监测市场变化，并及时调整信贷策略，降低风险。

（2）虚拟货币与区块链技术：虚拟货币和区块链技术为产业金融提供了更快捷、安全、透明的交易方式。通过区块链技术，金融机构可以实现资产证券化、数字货币支付等创新模式，为企业提供便利的融资渠道，并增加交易的可追溯性和安全性。

（3）机器学习与预测分析：机器学习技术可以通过对历史数据的学习和分析，预测未来市场的走势。产业金融机构可以利用这些预测结果，调整投资组合和风险管理策略，提高收益率和降低风险。

（4）联邦学习与数据隐私保护：联邦学习是一种保护数据隐私的机器学习方法。在产业金融中，金融机构可以通过联邦学习技术，在不共享敏感数据的情况下进行模型训练和知识共享。这样既保护了客户的隐私，又提高了金融机构之间的合作效率。

总结起来，自动化与智能化技术在产业金融中发挥着重要作用，不仅提高了效率和准确性，还为企业和个人带来了更多便利和机遇。然而，在应用这些新兴技术时，我们也需要注意数据安全、监管合规等问题，并不断探索创新应用场景，推动产业金融的可持续发展。

3.2 数据分析与算法模型对产业金融决策的影响

在金融科技快速发展的背景下，数据分析和算法模型成了产业金融决策中不可或缺的重要因素。下面详细探讨数据分析与算法模型在产业金融决策中的影响，并从多个方面进行全面分析。

3.2.1 数据分析在产业金融决策中发挥着关键作用

随着信息技术的进步，企业可以收集到大量的结构化和非结构化数据。通过对这些数据进行深入分析，企业可以获取有关市场趋势、消费者行为、竞争对手动态等方面的宝贵信息。这些信息可以帮助企业更好地理解市场环境，并为其制定战略性决策提供支持。同时，数据分析可以帮助企业识别风险，并及时采取相应措施以降低风险。

3.2.2 算法模型在产业金融决策中具有重要意义

通过建立合适的算法模型，企业可以对大量复杂的数据进行加工和处理，从而得出准确且有预测性的结果。算法模型可以帮助企业预测市场变化、评估投资回报率、优化资源配置等，为企业的决策提供科学依据。此外，算法模型可以通过自动化和智能化的方式，提高产业金融决策的效率和准确性。

进一步分析数据分析与算法模型对产业金融决策的影响，可以发现以下几个方面：

首先，数据分析和算法模型使得产业金融决策更加客观和精确。传统的产业金融决策往往依赖于人工经验和主观判断。而通过数据分析和算法模型，企业可以基于大量的实际数据进行决策，避免了主观偏差的影响。这使得决策更具有可信度和准确性。

其次，数据分析和算法模型提供了更快速的决策反馈。使用传统方法收集、整理和分析大量数据需要耗费大量时间和人力资源，而通过数据分析技术和算法模型，企业可以快速获取并处理大规模的数据，并迅速生成有用信息供决策者参考。这种快速反馈帮助企业更及时地应对市场变化和风险。

最后，数据分析和算法模型还能够发现隐藏的关联和趋势。通过对大量数据进行深入挖掘和分析，企业可以发现一些潜在的关联规律和趋势。这些关联和趋势可能是人工难以察觉的，但对于产业金融决策却具有重要意义。通过发现这些隐藏的信息，企业可以更好地把握市场机遇并制定相应的决策策略。

总结起来，数据分析与算法模型在产业金融决策中扮演着重要角色。它们使得决策更客观、精确，并提供了快速反馈和隐藏信息的发现能力。然而，也需要注意到数据质量、算法选择等问题可能会对决策结果产生影响。因此，在利用数据分析与算法模型进行产业金融决策时，企业需要综合考虑多方因素，并不断优化和改进相关技术与方法。

3.3 区块链技术在供应链金融中的应用

3.3.1 区块链技术在供应链金融中的基本原理

区块链技术是一种分布式账本技术，通过去中心化的网络实现数据的安全存储和传输。在供应链金融中，区块链可以提供可追溯、透明、高效、安全的交易环境，进而改变传统供应链金融模式。其基本原理包括去中心化、共识机制、加密算法和智能合约。

3.3.2 区块链技术在供应链金融中的优势

（1）信息透明度：区块链技术可以实现交易信息的共享和公开，参与方可以实时获取到最新的交易数据，减少了信息不对称问题。

（2）防篡改性：每一笔交易都会被记录在区块上，并且该记录无法被篡改或删除，保证了交易数据的可信度。

（3）降低成本：通过区块链技术，可以实现智能合约自动执行，减少人力成本；同时消除了中间商和第三方机构的参与，降低了交易成本。

（4）提高效率：区块链技术可以实现实时结算和清算，加快资金流转速度，提高供应链金融的效率。

3.3.3 区块链技术在供应链金融中的应用案例分析

（1）以太坊智能合约在供应链金融中的应用。以太坊是一种基于区块链技术的开放源代码平台，其智能合约功能可以实现自动化、无须第三方干预的交易执行。在供应链金融领域，以太坊智能合约可以用于优化供应链各环节之间的支付和结算过程。例如，在国际贸易中，使用智能合约可以实现跨境支付和货物跟踪，并自动触发相应款项的释放。这样一来，不仅减少了传统纸质合同的烦琐流程，还提高了资金流转速度和安全性。

（2）蚂蚁区块链在供应链金融中的应用。蚂蚁区块链是由中国支付宝推出的一种基于区块链技术的企业级解决方案，其在供应链金融中的主要应用包括供应链溯源和供应链金融风控。通过蚂蚁区块链，可以实现对商品生产过程的全程追溯，确保产品的质量和安全性。同时，基于区块链技术的信任机制，可以对供应商进行评级和风险管理，提高供应链金融的可靠性。

（3）IBM 区块链在供应链金融中的应用。IBM 区块链是一个企业级的区块链平台，其在供应链金融中的主要应用包括物流跟踪和资金结算。通过 IBM 区块链，可以实时监测货物运输过程中的位置、温度等信息，并将其记录在区块上。这样一来，在货物到达目的地后，可以根据相关数据自动触发支付款项。这种基于区块链技术的智能合约机制不仅提高了供应链金融的效率，还减少了人为错误和纠纷。

3.4 区块链技术在供应链金融中面临的挑战

尽管区块链技术在供应链金融领域具有广阔的前景，但也面临一些挑战。

3.4.1 标准化问题

由于区块链技术的发展尚属初级阶段，目前缺乏统一的标准和规范，不同平台之间的兼容性较差。

3.4.2 隐私保护

区块链技术在供应链中确实存在一些隐私保护的问题。区块链是一种公开透明的分布式账本技术，所有参与者都可以查看和验证交易记录。这样的特性可能会导致一些敏感信息暴露的风险。

（1）参与者身份隐私：在供应链中，参与者可能不希望其身份被公开，因为这可能涉及商业机密或竞争敏感信息。解决方案是采用匿名化处理，通过使用加密算法和身份验证机制来保护参与者的身份信息。

（2）交易内容隐私：某些交易细节可能包含商业秘密、价格等敏感信息。为了保护这些信息，可以使用加密技术对交易内容进行加密，在需要时只有授权人才能解密查看。

（3）数据共享权限控制：供应链中涉及多个参与者之间的数据共享，但不同参与者可能只需访问部分数据而非全部数据。通过采用访问控制机制和智能合约，在区块链上实现对数据访问权限的细粒度控制。

尽管区块链技术在供应链中存在一些隐私保护问题，但也可以通过合理设计和综合运用其他隐私保护技术来解决这些问题。例如，结合零知识证明、同态加密等密码学技术，可以进一步增强供应链中的隐私保护能力。同时，制定明确的隐私政策、加强监管和审计等措施也是必要的。

3.4.3 扩展性问题

当前区块链网络的扩展性较差，处理大量交易时可能出现延迟和拥堵情况。

综上所述，区块链技术在供应链金融中具有广泛应用前景。通过对优化支付和结算过程、提高供应链可靠性和效率等方面的改进，区块链可以为供应链金融带来诸多益处。然而，在推广应用过程中仍需解决标准化、隐私保护和扩展性等方面的挑战。只有在克服这些问题后，区块链技术才能更好地服务于供应链金融行业，并推动其进一步发展。

3.5 大数据分析在风控领域中的应用案例分析

在金融科技发展的背景下，大数据分析作为一种强大的工具，正在产业金融风险控制与管理中发挥着重要作用。下面通过分析几个实际案例，探讨大数据分析在风控领域中的应用及其对产业金融的影响。

3.5.1 案例一：信贷风险评估

在传统金融机构中，信贷风险评估是一个关键环节。通过使用大数据分析技术，银行可以整合并分析客户的各种信息，如个人资产、信用历史、社交媒体数据等。借助这些数据，银行可以更加准确地评估客户的还款能力和潜在风险，并根据评估结果进行针对性的贷款决策。这种基于大数据分析的信贷风险评估方法不仅提高了贷款决策的准确性和效率，同时也为那些无法提供传统抵押品或担保物品的小微企业提供了更多获得贷款资金的机会。

3.5.2 案例二：反欺诈分析

在金融行业，欺诈行为是一个严重制约行业发展和社会安全的大问题。通过大数据分析技术，金融机构可以收集并分析大量的交易数据、用户行为数据以及其他相关信息，以便更好地识别潜在的欺诈行为。例如，通过建立欺诈模型和算法，金融机构可以自动监测和识别异常交易模式，并及时采取相应的措施进行风险控制。这种基于大数据分析的反欺诈分析方法不仅提高了金融机构对欺诈行为的检测能力，还有效降低了金融机构的损失。

3.5.3 案例三：市场风险预警

大数据分析技术可以帮助金融机构进行市场风险预警。通过对海量市场数据进行实时收集和分析，金融机构可以更准确地评估市场趋势和风险，并及时调整投资组合以降低风险。例如，基于大数据分析技术，投资者可以利用历史市场数据、舆情数据等信息来预测股票价格波动或市场走势，并据此制定相应的投资策略。这种基于大数据分析的市场风险预警方法不仅提高了金融机构对市场风险的识别和应对能力，还为投资者提供了更准确的决策依据。

综上所述，大数据分析在风控领域中的应用具有重要意义。通过大数据分析技术，金融机构可以更加准确地评估信贷风险、识别欺诈行为，并进行市场风险预警，从而提高风险控制和管理的效率和准确性。随着金融科技的不断发展，大数据分析将进一步深化其在产业金融中的影响，并推动产业金融向更加智能化和精细化的方向发展。

3.6 新兴科技企业对传统银行机构的影响

随着金融科技的快速发展，新兴科技企业逐渐成为传统银行机构的竞争对手。这些科技企业以其创新的技术和灵活的商业模式，在金融领域展现出了强大的竞争力。下面探讨新兴科技企业对传统银行机构竞争的影响，并分析其带来的挑战与机遇。

3.6.1 新兴科技企业在数字化金融服务方面具有明显优势

通过应用人工智能、区块链、大数据等前沿技术，这些企业能够提供更便捷、高效和个性化的金融服务。相比之下，传统银行机构通常面临着烦琐的手续和较低的效率，这使得客户转向更加灵活和创新的科技企业。

3.6.2 新兴科技企业在风险管理方面表现出独特优势

通过应用大数据和人工智能算法，这些企业能够实时监测和分析风险，并采取相应措施进行风险控制。与此相比，传统银行机构在风险管理方面可能受限于传统的手工操作和较慢的反应速度。

3.6.3 新兴科技企业在产品创新和市场拓展方面具备竞争优势

新兴科技企业能够更好地理解年轻一代消费者的需求，并快速推出符合市场需求的金融产品。相比之下，传统银行机构通常需要经过复杂的决策流程和监管审批，导致产品上市时间较长。

3.6.4 尽管新兴科技企业带来了竞争压力，但传统银行机构仍然有其独特优势

首先，传统银行机构拥有长期积累的客户和品牌影响力，在金融领域具有较高的认知度和声誉。其次，传统银行机构具备庞大的资金实力和稳定的资本来源，在风险抵御能力上相对更强。

因此，为了应对新兴科技企业带来的竞争挑战，传统银行机构需要促进数字化转型，并注重创新能力的提升。通过引入先进技术、改善客户体验和优化内部流程，传统银行机构能够提高自身的竞争力，并与新兴科技企业形成合作共赢的局面。

综上所述，新兴科技企业对传统银行机构产生了深远影响。传统银行机构需要认识到这种变革，并主动应对，以保持市场竞争力。在数字化时代，合理利用金融科技创新将是传统银行机构实现可持续发展的关键所在。

3.7 金融科技平台对产业金融市场格局的改变

随着金融科技的快速发展，各种金融科技平台逐渐崭露头角，对产业金融市场格局产生了深远的影响。下面重点探讨金融科技平台对产业金融市场格局的改变，并分析其中的关键因素和具体影响。

3.7.1 创新模式的出现

（1）互联网思维在产业金融中的应用。随着互联网思维在金融领域的普及，越来越多的金融科技平台开始运用互联网思维进行创新。通过构建线上线下结合、信息共享、服务定制等模式，这些平台打破了产业金融中信息不对称和流程烦琐等壁垒，提高了效率和便利性。

（2）以技术为核心的创新。金融科技平台通过引入先进技术，如大数据分析、人工智能、区块链等，为产业金融市场提供更加精准和个性化的服务。例如，借助大数据分析，金融科技平台能够更好地识别和评估潜在的风险，提供更加安全可靠的金融服务。

3.7.2 传统金融机构与金融科技平台的竞争与合作

随着金融科技平台的兴起，传统金融机构面临来自新型平台的竞争压力。一方面，传统金融机构需要加快创新步伐，提升自身服务水平以应对竞争；另一方面，一些传统金融机构也开始与金融科技平台合作，通过共享资源和优势互补实现共赢。

3.7.3 产业链上下游关系的重塑

传统产业链中存在信息不对称、信用缺失等问题，制约了资本流动和风险管理。而随着金融科技平台的发展，产业链上下游企业之间可以通过这些平台进行信息共享、交易对接和风险分散。这种重塑的关系将促进产业链各环节之间更加紧密的协作，并推动整个产业链向更高效、智能化方向发展。

3.7.4 提升金融服务效率与便利性

金融科技平台的兴起使得产业金融市场中的各类参与者能够更加高效地获取金融服务，提升了整体市场的效率和便利性。企业可以通过这些平台快速获得资金支持、风险管理等服务，从而加快发展步伐。

3.7.5 加强风险管理能力

金融科技平台通过引入先进技术，提供更准确的风险评估和监控手段，有助于帮助产业金融市场更好地应对风险。然而，随着金融科技平台规模扩大，安全问题也日益凸显，如数据泄露、网络攻击等。因此，在发展过程中需要加强信息安全管理，并建立健全的监管机制。

3.7.6 推动产业结构优化升级

随着金融科技平台的发展，一些传统行业将面临被淘汰或重组的可能。那些无法适应新形势、不具备竞争力的企业将被淘汰出局，而那些积极拥抱变革、创新能力强的企业将得到更好的发展机遇。金融科技平台通过优化资源配置、推动创新发展，有助于推动整个产业结构的优化升级。

综上所述，金融科技平台对产业金融市场格局带来了深远影响。通过创新模式和引入先进技术，这些平台改变了产业金融中的信息不对称和流程烦琐等状况，重塑了产业链上下游关系，并提升了金融服务效率与便利性。然而，金融科技也面临着风险管理、安全保障以及产业结构调整等挑战。因此，在推动金融科技发展的同时，需要注重监管与合作，确保其可持续健康发展。

四、面临的挑战与应对策略

4.1 监管与风险防控

在金融科技发展的背景下，监管与风险防控成了产业金融领域的重要议题。金融科技的快速发展给产业金融带来了一系列机遇和挑战，同时也对监管部门提出了更高的要求。本部分探讨金融科技发展对产业金融监管与风险防控的影响。

4.1.1 监管创新推动

随着金融科技的兴起，传统的监管模式已经不能满足新形势下产业金融领域的需求。在保护消费者权益、维护市场秩序等方面，传统监管模式存在着信息不对称、周期性差、效率低等问题。因此，监管部门积极探索创新方法以适应金融科技时代。

首先，通过引入智能化监测系统和大数据分析技术，监管部门能够实现对产业金融市场全方位的、实时的监测和评估。这种基于数据驱动的监管方式可以更准确地识别潜在风险，并及时采取相应措施，以避免金融风险的扩大化。其次，监管部门也在积极推动监管科技的创新应用。例如，采用区块链技术来建立可追溯、不可篡改的交易记录，可以提高金融交易的透明度和安全性。最后，监管部门还加强了对金融科技企业的监管合规要求，鼓励其自身建立健全的风险管理体系，并加强与监管机构的沟通与协作。

4.1.2 风险防控挑战

随着金融科技发展的加速推进，产业金融领域面临着新的风险和挑战。首先是信息安全风险。随着互联网和移动支付等技术的广泛应用，个人和企业数据的泄露和被滥用成了一个突出问题。因此，在金融科技发展过程中，保护用户数据安全成为一项重要任务。其次是运营风险。传统金融机构在面对新兴科技时可能存在转型不力、技术更新缓慢等问题，这些问题可能导致运营风险的增加。同时，金融科技企业在不断创新的过程中也面临着来自技术风险和市场风险的挑战。因此，产业金融领域需要建立完善的风险管理体系，包括规范的内部控制和合规流程。最后是监管协调难题。随着金融科技企业与传统金融机构之间的界限模糊化，监管部门面临着如何有效监管这些新兴业态的问题。跨部门、跨行业的协调与合作尤为重要。监管部门需要加强信息共享、数据交换等方面的合作，形成联防联控机制，以应对产业金融领域的风险挑战。

综上所述，在金融科技发展对产业金融影响研究中，监管与风险防控是一个关键议题。监管创新推动了监管方式和工具的升级，提高了监管效能；然而，产业金融领域仍然面临着诸多风险和挑战，需要进一步加强风险管理和监管协调。只有通过持续创新和合作，才能实现产业金融领域的稳定发展。

4.2 数据安全和隐私保护

随着金融科技的快速发展，数据安全和隐私保护成了产业金融领域亟待解决的问题。本部分探讨金融科技发展对数据安全和隐私保护带来的影响，并提出相关的解决方案。

4.2.1 金融科技对数据安全的挑战

金融科技应用的普及使得大量用户个人敏感信息被数字化并储存在各

类系统中，这给数据安全带来了新的挑战。首先，由于金融科技应用的复杂性，系统漏洞可能会被黑客利用，导致用户数据泄露。其次，金融机构在与第三方合作时，往往需要共享用户数据，但如何确保合作方能够妥善保管这些数据也是一个重要问题。最后，在大规模跨境交易中，国际的数据传输也面临着风险。

4.2.2 加强数据安全与隐私保护的必要性

在金融科技快速发展背景下，加强数据安全与隐私保护具有重要价值。首先，用户对于自身信息的保护意识逐渐增强，他们希望自己的个人敏感信息不被滥用。其次，金融机构作为数据的管理者，需要履行保护用户数据的法律和道德义务。最后，加强数据安全与隐私保护也有助于维护金融市场秩序和提升行业竞争力。

4.2.3 解决方案

为了应对金融科技发展对数据安全和隐私保护带来的挑战，需要采取一系列措施来加强防范和应对能力。首先，建立健全的监管制度和政策框架，明确相关责任主体及其职责，并制定具体的数据安全与隐私保护标准。其次，加强技术研发与创新，在系统设计、网络安全等方面引入最新的技术手段，提高系统安全性。同时，在合作伙伴选择上更加谨慎，并建立有效的合作机制来监督第三方数据使用。最后，加强用户教育也是非常重要的一环，在用户注册、使用过程中引导用户正确使用金融科技产品并注意个人信息保护。

4.3 技术创新与人才培养

随着金融科技的快速发展，技术创新成为推动产业金融发展的重要驱动力之一。本部分主要探讨技术创新对产业金融的影响，并重点关注人才培养方面的挑战和机遇。

4.3.1 技术创新对产业金融的影响

(1) 提升效率和降低成本。金融科技的不断发展使得传统的产业金融流程变得更加高效和便捷。通过应用智能化系统和大数据分析等先进技术，可以更快速、准确地评估风险、帮助贷款审批决策、进行资产管理等工作，大幅度降低企业运营成本，并提高资金使用效率。

(2) 促进创新和多元化。金融科技为产业金融带来了更多元化的产品和服务，例如，通过区块链技术，可以建立起去中心化的信用体系，为中小企业提供更多贷款机会；通过云计算和物联网技术，可以实现供应链金融的数字化和自动化，提供更多金融解决方案。这些创新的金融产品和服务有助于满足不同行业和企业的需求，推动产业升级和创新发展。

4.3.2 人才培养的挑战

(1) 技术人才短缺。随着金融科技快速发展，对技术人才的需求也在不断增加，然而，当前存在着技术人才供给不足的问题。许多传统金融机构缺乏相关技术人员，并且由于金融科技领域的快速变化，现有人才很难跟上新技术的发展步伐。

(2) 专业知识与综合素质要求。金融科技领域涉及多个学科和专业知识，需要综合运用计算机科学、数据分析、金融学等知识。此外，还需要具备良好的沟通能力、创新思维和团队合作能力等综合素质。因此，在人才培养方面需要注重培养跨学科背景的专业人才。

4.3.3 人才培养的机遇

(1) 教育改革与职业培训。为了满足金融科技人才需求，教育机构可以进行课程改革，增设相关专业和课程。同时，提供灵活的职业培训机会，帮助现有从业人员转型升级。政府、企业和教育机构可以共同合作，建立起完善的人才培养体系。

（2）跨界合作与创新实践。金融科技领域需要不同背景的专业人才进行跨界合作，例如，金融机构可以与高校、科研机构和初创企业等建立合作关系，共同开展研究项目和实践活动。这样可以促进知识交流和技术创新，并为人才培养提供更多机遇。

综上所述，在产业金融中，技术创新对其发展起到不可替代的推动作用。同时，人才培养也是产业金融发展过程中需要面对的挑战之一。通过加强教育改革、职业培训以及跨界合作等措施，我们能够更好地应对这些挑战，并为产业金融发展提供更多机遇。

4.4 金融科技的发展趋势分析

随着信息技术的快速发展和金融行业的不断创新，金融科技已成为当前金融领域最热门的话题之一。在本部分，我们对金融科技的发展趋势进行分析，探讨其对产业金融的影响。

4.4.1 数字化转型与智能化升级

随着互联网和移动设备的普及，数字化转型已成为各行各业的必然选择。在金融领域，数字化转型也是不可逆转的趋势。未来，金融科技将继续推动银行、保险等传统金融机构加速数字化转型，并通过人工智能、大数据分析等技术手段实现智能化升级。例如，基于人工智能和机器学习算法的风险评估模型可以提高贷款审批效率和准确性，大数据分析可以帮助保险公司进行精准定价和风险控制。

4.4.2 区块链技术在金融领域的应用

首先，通过区块链技术可以实现交易的可追溯性和不可篡改性，提高交易的安全性和透明度。其次，区块链可以降低金融交易的成本和时间，并简化跨境支付等流程。最后，区块链可以构建信任机制，解决信息不对称问题，在供应链金融等领域推动全业务链的升级和创新。

4.4.3 人工智能技术在金融风控中的应用

风险控制一直是金融行业中关注的焦点之一。随着人工智能技术的快速发展，传统风控模型已经不能满足日益复杂的金融市场需求。未来，基于人工智能的风控模型将逐渐取代传统模型，并通过大数据分析、机器学习等手段实现更准确、更高效的风险评估和监测。同时，人工智能可以通过自动化处理大量数据和快速识别异常行为来提高反欺诈能力。

4.4.4 开放银行与金融科技的融合

开放银行是指传统金融机构通过开放接口和数据共享，与第三方金融科技公司进行合作，提供更加灵活、个性化的金融服务。未来，随着金融监管政策的放松和技术标准的统一，开放银行模式将得到广泛应用。通过与金融科技公司的合作，产业金融可以借助其创新能力和技术优势，提升服务质量、降低成本，并拓展新的业务领域。

综上所述，金融科技在产业金融中具有巨大的发展潜力。数字化转型与智能化升级、区块链技术应用、人工智能在风控中的运用以及开放银行与金融科技的融合等趋势将对产业金融带来深远影响。同时也需要注意相关监管政策跟进和风险防范措施的加强，以确保金融科技发展符合法规要求，并为产业经济提供更稳定、高效的支持。

五、本章小结

本章主要研究了金融科技对产业金融的影响。

首先，我们介绍了金融科技的概念及其在金融领域的发展背景。

随着信息技术的迅速发展和互联网的普及，金融科技逐渐崛起，并对传统金融行业产生了深远影响。

接着，我们探讨了金融科技对产业金融的影响。一是在风险管理方面，借助大数据和人工智能等技术，金融科技可以更准确地评估企业风险，提高贷款审批效率，并有效防范欺诈行为。二是在资金流动方面，互联网金融平台提供了便捷的融资渠道，为中小企业提供了更多机会。此外，通过区块链技术等手段，金融科技还能够实现资产数字化、智能合约等功能，进一步优化产业金融服务。

然后，我们分析了金融科技在产业升级和创新中的作用。通过引入金融科技工具和模式，可以推动传统产业的数字化转型，提高效率和竞争力。同时，金融科技也为新兴产业的发展提供了新的机遇和支持，促进了创新创业活动的蓬勃发展。

最后，我们总结了本章的主要观点和研究结果。金融科技作为一种创新性的工具和方法，对产业金融产生了深远影响。它在风险管理、资金流动、产业升级和创新等方面发挥着重要作用。然而，我们也注意到金融科技所带来的挑战和风险，需要加强监管和规范以确保其健康有序发展。

综上所述，本章通过对金融科技对产业金融的影响进行研究分析，揭示了其在风险管理、资金流动、产业升级和创新等方面的积极作用。未来，在金融科技不断推进的背景下，我们应积极探索如何更好地利用其优势，并合理解决相关问题，以推动产业金融健康可持续发展。

05 第5章

政策对产业金融创新与变革的推动作用

一、政策支持产业金融创新与变革的必要性

1.1 产业金融创新与变革的定义

产业金融创新与变革是指在现有产业金融体系基础上，通过引入新的技术、模式和工具，推动产业金融发展方式、业务模式、组织架构等方面的全面改变和创新。它不仅仅是对传统金融服务进行技术升级，更是一种深度融合了科技与金融的创新形态。

1.1.1 产业金融创新与变革关键内容是技术驱动和科技创新

随着科技的飞速发展，人工智能、大数据分析、区块链等前沿技术逐渐渗透到产业金融领域，为其带来了巨大的机遇和挑战。通过运用这些先进技术，可以提高交易效率、降低风险成本，并且为企业提供个性化、定制化的金融服务。

1.1.2 产业金融创新与变革还强调了以用户需求为中心的思维转变

传统上，银行等金融机构主要通过关注企业信用评级和抵押物等传统风控手段来决定是否提供融资支持。而产业金融创新与变革将更多地关注企业的成长潜力、市场竞争力以及未来发展前景等因素，通过深入了解企业的核心需求和痛点，为其量身定制金融服务产品。

1.1.3 产业金融创新与变革强调合作共赢和生态建设

传统上，金融机构主要以自身利益为出发点进行金融服务，而产业金融创新与变革则倡导各方共同参与、资源共享、优势互补的合作模式。通

过打破传统金融壁垒，促进不同行业、不同领域之间的良性互动和协同创新，形成一个良好的产业金融生态系统。

总之，产业金融创新与变革是指在技术驱动、用户需求导向和合作共赢的基础上推动产业金融发展方式和模式的全面改变和创新。它将为企业提供更加个性化、定制化的金融服务，并带来更高效、低风险的交易环境。随着科技进步的不断推进，产业金融创新与变革将持续推动产业金融的发展，为实体经济注入新的活力。

1.2 政策对产业金融创新与变革的重要作用

政策在促进产业金融创新与变革方面发挥着重要作用。产业金融是指将金融服务与实体经济相结合，为实体经济提供融资、风险管理、支付结算等金融支持的一种模式。随着经济社会发展的需求和金融行业的变革，政府通过制定相关政策来引导和推动产业金融创新与变革，以促进经济发展和提升实体经济竞争力。

1.2.1 建立良好的法律法规环境

可以通过建立良好的法律法规环境来支持产业金融创新与变革。例如，加强知识产权保护、完善公司治理机制、加强信息安全等方面的法律法规制度可以提高投资者信心，吸引更多的资本进入产业金融领域。此外，政府可以通过简化审批程序、优化营商环境等措施来减少企业在产业金融创新中的成本和风险。

1.2.2 财政支持与税收优惠

可以通过财政支持和税收优惠等方式来激励产业金融创新与变革。政府可以设立专项基金，向具有创新能力和市场潜力的产业金融机构提供资金支持，推动其开展创新业务和项目。同时，政府可以给予税收优惠政策，降低企业在产业金融领域的税负，鼓励更多企业参与到产业金融创新中来。

1.2.3 通过政策引导银行等金融机构

政府政策可以通过引导银行等产业金融加大对实体经济的支持力度，促进产业金融的发展。政府可以制定相关规定要求银行增加对中小微企业的信贷投放，并鼓励银行创新产品和服务，满足实体经济多样化的金融需求。此外，政府可以通过设立专门机构或平台来整合资源、协调各方利益关系，推动不同部门之间的合作和协同发展。

1.2.4 加强对产业金融创新与变革的监管与风险防控

政府需要建立健全的监管制度，明确产业金融机构的经营边界和风险底线，加强对金融创新产品和业务的审查和监管。同时，政府应该建立风险防控体系，提高产业金融机构的风险管理能力，防范系统性风险和市场风险的发生。

综上所述，政府政策在产业金融创新与变革中起着重要作用。通过建立良好的法律法规环境、提供财政支持和税收优惠、引导产业金融加大对实体经济的支持力度以及加强监管与风险防控，政府可以为产业金融创新与变革提供有力支持，推动经济转型升级和实体经济发展。

二、政府政策支持产业金融创新与变革的方式和措施

2.1 制定相关法律法规和政策文件

2.1.1 鼓励技术创新和知识产权保护

在支持产业金融创新与变革的方式和措施中，鼓励技术创新和知识产

权保护是至关重要的一环。技术创新是推动产业发展的重要驱动力，而知识产权保护则是激励创新活动的基础。政府通过一系列政策和措施来鼓励技术创新，并加强对知识产权的保护。

首先，政府可以提供资金支持，以促进技术研发和创新。通过设立专项基金或向科研机构、企业等提供补贴资金，政府可以帮助它们开展前沿科学研究、推动技术突破，并转化为实际应用。此外，政府可以设立风险投资基金，为初创企业提供资金支持，帮助它们实现商业化并推广其创新产品。

其次，政府可以建立完善的知识产权法律制度，并加大执法力度。通过制定严格的知识产权保护法律法规，并建立相应的司法机构和执法部门，政府可以有效地保护创新者的知识产权。同时，加大对侵权行为的打击力度，惩罚侵权者，维护知识产权的合法权益。此外，政府可以加强知识产权意识的宣传教育，提高公众对知识产权保护的认识和重视程度。

再次，政府可以推动技术转移与应用。通过建立技术转移机构或平台，政府可以促进科研成果向实际生产力转化，并帮助企业将先进技术应用于实际生产中。此外，政府可以鼓励企业之间、企业与科研机构之间的合作交流，促进技术共享与合作创新。

最后，政府可以加强知识产权保护的国际合作。通过参与国际知识产权组织和多边协议等国际合作机制，政府可以加强与其他国家在知识产权保护方面的交流与合作。这有助于提高我国在全球范围内的知识产权声誉，并为我国企业在海外市场上开展创新活动提供更好的保障。

总而言之，鼓励技术创新和知识产权保护是政府支持产业金融创新与变革的重要方式和措施。政府通过资金支持、法律制度建设、技术转移与应用推动以及国际合作等手段，不断加强对技术创新和知识产权保护的支持力度，为产业金融创新提供更加良好的环境和条件。

2.1.2 提供税收优惠和财务支持

在政府政策支持产业金融创新与变革的方式和措施中，提供税收优惠和财务支持是一种重要的手段。通过减免税收和提供资金支持，政府可以激励企业积极参与金融创新，促进产业升级和转型发展。

首先，政府可以通过减免税收来支持金融创新。对于从事金融创新的企业，可以根据其研发投入、技术创新、人才引进等方面给予相应的税收优惠政策。例如，对于符合条件的科技型中小企业，可以享受研发费用加计扣除、技术转让所得免征或减按50%征收等税收优惠政策。这些措施旨在鼓励企业加大研发投入，推动金融创新成果的转化和应用。

其次，政府可以通过财务支持来推动产业金融创新与变革。一方面，政府可以设立专项基金，为金融创新项目提供资金支持。这些专项基金可以用于支持创新型企业的研发、试点示范项目的实施以及金融机构的风险补偿等。另一方面，政府可以通过发行债券、设立信贷额度等方式，为金融创新提供融资支持。这些财务支持措施旨在解决金融创新过程中的资金难题，降低企业的融资成本，促进产业金融创新与变革的顺利推进。

最后，政府可以建立风险补偿机制，为金融创新项目承担一定风险。由于金融创新往往具有较高的不确定性和风险，许多企业在面临市场不确定性时会望而却步。因此，政府可以设立风险补偿基金或保证机构，在项目运作过程中对一定比例的亏损进行补偿或提供担保。这样可以有效减轻企业在金融创新过程中所承担的风险压力，鼓励更多企业积极参与到产业金融创新与变革中来。

2.2 建立合作机制和平台

2.2.1 政府与金融机构合作

政府与金融机构的合作是支持产业金融创新与变革的直接且非常重要的举措。通过政府与金融机构的紧密合作，可以促进资金流动、降低融资成本、提高服务质量，从而推动产业金融创新与变革的发展。

首先，政府可以通过制定相关政策和法规来引导金融机构参与产业金融创新。政府可以鼓励金融机构加大对科技型企业、绿色产业等具有潜力和前景的行业的支持力度，为这些行业提供更多的贷款额度和优惠利率，并给予税收减免等方面的扶持。同时，政府可以建立专门的产业基金，吸引金融机构共同投资支持相关领域的企业和项目。

其次，政府可以积极推动建立跨部门协调机制，加强与金融机构之间的沟通和合作。在产业发展规划中，政府可以明确指导金融机构在特定领域或地区开展相应的金融服务，并加强对金融机构的监管和指导。政府可以组织专门的培训和研讨会，提高金融机构对产业金融创新的认识和理解，帮助其更好地服务实体经济。

再次，政府可以通过与金融机构合作设立风险共担基金，为创新型企业提供风险投资和股权投资支持。这样一来，既能够吸引更多的私人资本进入产业金融领域，又能够分散风险，促进企业发展。政府可以与金融机构合作推动建立科技创新平台，为科技型企业提供技术支持、市场资源和智力资本等方面的支持。

最后，政府可以加大对金融机构的监管力度，确保其合规经营，并鼓励金融机构加强内部管理和风险控制。政府可以建立健全评估体系，对参与产业金融创新与变革的金融机构进行绩效评价，并根据评价结果进行奖惩激励。这样一来，不仅可以提高金融机构对产业金融创新的积极性，还可以规范金融市场秩序，保护投资者的合法权益。

综上所述，政府与金融机构的合作对于支持产业金融创新与变革具有重要意义。政府可以通过制定相关政策、加强跨部门协调、设立风险共担基金等方式，与金融机构紧密合作，为产业金融创新提供良好的发展环境和支持条件。同时，政府也需要加强对金融机构的监管和评估，确保其合规经营，并鼓励其加强内部管理和风险控制。只有政府与金融机构形成紧密的合作关系，才能够推动产业金融创新与变革取得更大的成功。

2.2.2 政府与企业合作

政府与企业合作是支持产业金融创新与变革的重要方式和措施。在当前经济发展中，政府与企业之间的紧密合作关系对于推动金融创新和变革具有不可忽视的作用。

首先，政府与企业合作可以提供必要的资源支持。政府拥有丰富的财力和资源，可以为金融创新提供资金支持、技术支持以及市场推广等方面的帮助。例如，政府可以设立专项基金，用于投资和支持创新型金融企业或项目；可以为创新型企业提供税收优惠政策，降低其研发成本；同时，政府可以引导国内外知名高校、科研机构等参与到金融创新中来，共同推动技术和人才的交流与合作。

其次，政府与企业合作可以建立良好的沟通机制。在产业金融创新过程中，政府与企业之间的沟通和合作是必不可少的。政府可以设立专门的机构或部门，负责与企业对接，了解其需求和问题，并及时提供相应支持和帮助。同时，政府可以通过组织行业交流会议、研讨会等形式，促进政府、企业和金融机构之间的互动与合作，共同探讨金融创新的方向和路径。

再次，政府与企业合作可以加强监管与风险防范。在金融创新过程中，监管是非常重要的一环。政府可以制定相关法规和规章，明确金融创新的边界和标准，并建立健全的监管体系来保护市场秩序和投资者利益。同时，政府可以与企业密切合作，加强对金融创新过程中可能出现的风险进行预警和防范，包括加强对金融数据安全、隐私保护以及反洗钱等方面的监管力度，为金融创新提供一个稳定、透明、有序的发展环境。

最后，在政府与企业合作中应注重公平竞争和共享成果。政府应确保公平的市场竞争环境，避免垄断和不正当竞争现象的发生，为各类金融创新企业提供公平的机会与待遇。同时，政府与企业在合作中应共享创新成果和利益，形成共赢的局面。政府可以通过采取税收鼓励措施或设立知识产权保护机制等方式，确保创新成果得到合理回报，并激励更多企业积极参与金融创新。

综上所述，政府与企业合作是支持产业金融创新与变革的重要方式和措施。通过提供资源支持、建立良好沟通机制、加强监管与风险防范以及注重公平竞争和共享成果，政府与企业可以共同推动金融创新的发展，为经济转型升级提供有力支撑。

2.3 提供人才培养和技术支持

2.3.1 培养专业人才队伍

在政府政策支持产业金融创新与变革的方式和措施中，培养专业人才队伍是一项关键且必要的举措。为了推动产业金融创新与变革，政府应该采取一系列措施来培养并吸引专业人才，以满足产业金融发展的需求。

首先，政府可以加强高等教育领域对产业金融相关专业的培养。通过增加相关课程、设立专业方向，并提供奖学金和资助计划，吸引更多优秀学子进入产业金融领域。同时，政府可以与高校合作开展科研项目，促进学术研究成果的转化和应用。其次，政府可以鼓励企事业单位与高校合作开展实践教育项目。通过建立行业导师制度或合作实习基地，使学生能够在实际工作环境中接受培训和锻炼。这样既能提高学生的实践能力和就业竞争力，也能为企事业单位输送具备产业金融专业知识和技能的人才。最后，政府可以设立专项基金用于培训产业金融相关人才。通过资助培训机构举办相关培训班或研讨会，提供从基础知识到实践应用的全方位培训，以满足不同层次、不同需求的专业人才培养需求。同时，政府也可以鼓励企事业单位参与培训计划，并提供相应的补贴和激励措施。

另外，政府可以设立奖励机制来吸引和留住优秀的产业金融人才。通过建立评选体系，对在产业金融领域做出杰出贡献的个人或团队进行表彰和奖励，激发他们的工作积极性和创新能力。同时，政府也可以加大对科研项目和创新企业的资金支持力度，为专业人才提供更好的发展平台。此外，政府应加强对专业人才队伍的管理和服务。建立健全相关行业协会或组织，促进行业内部交流和合作，提供专业人才培训、职业规划等支持服务。同时，政府应加强对产业金融专业人才的监管，制定相关准入标准和职业道德规范，保障行业发展的稳健性和可持续性。

总之，通过培养专业人才队伍，政府可以为产业金融创新与变革提供有力支持。政府应该采取多种措施来吸引、培养和留住优秀的产业金融专业人才，为产业金融发展注入新的活力和动力。

2.3.2 技术咨询和指导服务

在政府政策支持产业金融创新与变革的方式和措施中，技术咨询和指导服务是至关重要的一环。随着科技的迅速发展和产业结构的不断调整，企业需要及时了解最新的技术趋势、市场需求以及行业标准，以便更好地应对挑战并实现创新转型。

政府可以通过设立专门机构或合作伙伴关系来提供全面的技术信息。这些机构可以收集、整理和发布最新的科研成果、专利信息、市场趋势等相关数据，为企业提供有价值的参考和决策支持。此外，政府可以组织专题研讨会、论坛等活动，邀请领域专家分享最新的科技进展，并与企业进行交流互动。

为了帮助企业全面了解自身技术水平和创新潜力，政府可以提供技术评估和诊断服务。通过分析企业现有技术能力和市场竞争力，政府可以为企业量身定制技术发展规划，并提供相应的建议和支持。此外，政府可以协助企业进行技术风险评估，帮助企业识别潜在的技术风险并采取相应措施进行防范。

政府还可以开展各类技术培训和人才支持计划。通过举办专业培训班、组织学习交流活动等方式，政府可以帮助企业提高员工的专业素质和创新能力。此外，政府可以出台相关政策，鼓励高校与企业合作开展科研项目、实习实训等，以培养更多具备行业前沿知识和实践经验的人才。

为了促进产业金融创新与变革，政府可以积极推动技术转移与合作。通过建立技术转移平台、设立专项资金等方式，政府可以促使科研院所、高校等拥有先进技术的机构将其成果向企业进行转移，并提供相应的技术支持和服务。此外，政府可以鼓励企业之间开展技术合作，搭建合作平台，促进技术创新和资源共享。

综上所述，技术咨询和指导服务是政府支持产业金融创新与变革的重要手段。通过提供全面的技术信息、开展技术评估和诊断、提供技术培训和人才支持以及推动技术转移与合作，政府可以帮助企业更好地把握市场机遇、提升竞争力，并推动产业金融领域的创新发展。

三、政策支持产业金融创新与变革的效果评估及问题分析

3.1 效果评估方法

在政府政策支持产业金融创新与变革的过程中，对其效果进行评估是十分重要的。通过科学、客观的评估结果，可以了解政策措施的实际影

响，为决策者提供参考依据，同时也有助于发现问题并及时调整政策。本部分介绍几种常见的效果评估方法。

3.1.1 定量指标评估法

定量指标评估法是一种基于数据分析和统计方法的效果评估方法。它通过收集相关数据并运用适当的指标来衡量政策对产业金融创新与变革带来的影响。这些指标包括产业增加值、就业人数、企业数量、财务指标等。通过对比政策实施前后的数据差异，可以初步了解政策的效果。

3.1.2 案例研究法

案例研究法是一种深入调查和分析个别案例以获取详细信息和理解问题本质的方法。在评估产业金融创新与变革政策效果时，可以选择一些代表性企业或项目进行深入研究，并结合相关数据进行分析。通过对这些案例的研究，可以更全面地了解政策对企业创新和变革的影响，发现问题并提出改进建议。

3.1.3 问卷调查法

问卷调查法是一种通过向相关利益相关者发放问卷来获取意见和反馈的方法。在评估政策效果时，可以设计一份针对不同群体（如企业家、投资者、银行家等）的问卷，并根据回收的数据进行分析。通过分析问卷结果，可以了解利益相关者对政策的认知程度、满意度以及存在的问题和需求，为政策调整提供参考依据。

3.1.4 专家访谈法

专家访谈法是一种通过与领域内专家进行深入交流和讨论来获取专业见解和经验的方法。在评估产业金融创新与变革政策效果时，可以邀请相关领域专家进行面对面或远程访谈。通过与专家交流，可以了解他们对政策的看法、经验分享以及改进建议，从而更好地评估政策效果并推动政策优化。

以上介绍了几种常见的效果评估方法，在实际评估中，可以根据具体情况选择合适的方法或结合多种方法进行综合评估，以确保评估结果客观准确，并为政府决策提供有力支持。同时，评估过程中应注重数据的收集与分析、案例的深入研究、利益相关者的参与以及专家意见的倾听，以便更全面地了解政策效果并发现问题，推动产业金融创新与变革进一步发展。

3.2 政策支持存在的问题和挑战

3.2.1 不同政策执行效果差异

在评估政府政策支持产业金融创新与变革的效果时，我们需要关注不同政策执行效果之间的差异。虽然政府的政策支持旨在推动产业金融创新和变革，但实际情况中可能存在着一些问题和差异，这些差异对于政策的有效性和可持续发展至关重要。

（1）不同政策执行效果的差异可能源于政策制定与执行机制的不同。政府在制定产业金融创新与变革的支持政策时，应该考虑到相关行业、企业和金融机构的特点，并确保政策能够真正满足其需求。此外，政府应建立健全监管体系，加大对金融创新活动的监管力度，以确保金融市场稳定运行。

（2）在评估不同政策执行效果时，资金投入与分配是一个重要因素。产业金融创新和变革需要充足的资金支持，但并非所有地区和企业都能够获得平等的政府资金支持。一些地区和企业可能由于种种原因无法获得足够的资金，这将导致不同政策执行效果之间的差异。因此，政府应该加强对资金投入与分配的监管，确保资源合理配置，并优先支持那些有创新能力和潜力的企业。

（3）政策宣传与推广会影响不同政策执行效果之间的差异。如果政府的产业金融创新与变革政策未能得到充分宣传和推广，很多企业和金融机构可能并不了解相关政策或者无法准确理解其内涵。这将导致政策执行效果的差异，一些企业可能错失了利用政策进行创新和变革的机会。因此，政府应该加大对相关政策的宣传力度，并提供清晰明确的指导文件和操作手册。

（4）在评估不同政策执行效果时，需要考虑到多方合作与协调的问题。产业金融创新和变革需要各方共同努力，包括企业、金融机构、监管部门等。如果各方之间缺乏有效的合作与协调，政策执行效果将受到影响。因此，政府应该加强对各方之间的沟通与协调，建立起一个良好的合作机制，以促进产业金融创新和变革的顺利进行。

综上所述，不同政策执行效果差异是评估政府政策支持产业金融创新与变革效果时需要考虑的重要因素。我们应关注政策制定与执行机制、资金投入与分配、政策宣传与推广以及多方合作与协调等方面的问题，并通过改进和优化这些方面来提高政策执行效果，推动产业金融创新和变革的可持续发展。

3.2.2 创新与风险管理之间的平衡

在政府政策支持产业金融创新与变革的过程中，创新与风险管理之间的平衡是一个至关重要的问题。尽管产业金融创新能够带来巨大的机会和潜力，但同时也伴随着一定的风险和不确定性。因此，在制定政策时，政府需要认识到并平衡这两者之间的关系，以确保金融创新能够取得良好的效果。

创新是推动经济发展和转型升级的重要驱动力之一。通过引入新技术、新产品、新服务等创新手段，企业可以提高生产效率、优化资源配置，并在市场竞争中取得竞争优势。政府支持产业金融创新有助于培育和壮大金融科技企业，促进数字经济发展，提升国家整体竞争力。

然而，在追求创新的过程中，风险管理也是不可忽视的问题。由于金融行业具有高度复杂性和敏感性，一旦出现风险失控或系统性风险，则可能对整个金融体系和经济产生严重的负面影响。因此，政府在支持产业金融创新时，需要建立健全风险管理机制，加强监管和监控，防范潜在的风险隐患。为了平衡创新与风险管理之间的关系，政府可以采取以下措施：一是制定明确的政策框架。政府应制定明确的政策框架，明确产业金融创新的发展方向、目标和原则。同时，在政策制定过程中要充分考虑风险管理的要求，并确保相关法律法规能够较全面地覆盖金融创新活动中可能出现的各类风险。二是加强监管和监控。政府应加强对金融创新活动的监管和监控力度，及时发现并处理潜在风险。建立健全信息披露制度，增加市场透明度，提高投资者和消费者对金融产品和服务的信任度。三是鼓励合作与共享。政府可以鼓励金融机构之间、金融机构与科技企业之间的合作与共享，促进资源整合和风险分散。通过建立联合创新平台、共享数据等方式，提高金融创新的效率和稳定性。四是加强人才培养和技术支持。政府应加大对金融科技领域人才培养和技术支持的投入。通过引进优秀人才、加强科研机构与企业的合作等方式，提升金融创新能力，并为风险管理提供专业支持。

总而言之，在政府政策支持产业金融创新与变革的过程中，平衡创新与风险管理是一个重要课题。政府需要认识到创新带来的机遇和潜力，并采取相应措施确保风险管理得到有效执行。只有在坚持稳健发展的前提下，产业金融创新才能够实现可持续发展，并为经济社会发展作出更大贡献。

四、本章小结

政策支持在产业金融创新与变革中发挥着重要的推动作用。综上所述，我们可以得出以下几个主要观点。

首先，政策支持是产业金融创新与变革的基础和保障。政府制定并实施相关政策，为产业金融提供了法律框架和规则，促进了金融机构参与实体经济、服务实体经济的意愿和能力。例如，一些国家鼓励银行设立专门的产业金融部门或子公司，提供差异化、定制化的金融服务，同时给予税收优惠等激励措施。

其次，政策支持有助于降低风险和成本。在产业金融创新过程中，存在着许多不确定性和风险因素。政府可以通过制定相关政策来降低这些风险，并为金融机构提供相应补贴或奖励措施。例如，在农村地区推行农村信用社改革时，政府提供了一系列扶持政策，包括财政补贴、利息补贴等，以鼓励金融机构参与农村金融服务。

再次，政策支持可以推动产业金融创新与变革的跨界合作。由于产业金融和实体经济之间存在较大的信息不对称和理解障碍，产业金融创新往往需要不同领域的主体共同参与。政府可以通过建立合作平台、设立专项基金等方式，推动跨界合作，并为相关主体提供相应的政策支持和激励措施。例如，在某地区推动文化金融发展时，政府鼓励文化企业和金融机构合作设立文化产业投资基金，共同探索文化产业与金融的深度融合。

最后，政策支持可以促进产业金融创新与变革的可持续发展。政府在制定相关政策时应考虑到长期发展需求，并采取相应措施保障其可持续性。例如，在推行绿色金融发展时，政府可以制定相应环境保护标准、优惠税收政策等，引导金融机构在绿色产业领域进行创新与变革。

本章还讨论了政策支持产业金融创新与变革时应注意的问题。

首先，政策支持应该注重整体性和协同性。产业金融涉及多个领域和利益主体，需要各方共同参与和合作才能取得良好效果。因此，在制定政策时应充分考虑不同部门、行业以及金融机构之间的协调与配合。同时，政策应该具有长期性和稳定性，以保证产业金融创新能够持续推进。

其次，政策支持应注重风险管理与监管。产业金融创新往往伴随着一定的风险，如信用风险、市场风险和操作风险等。政府在制定政策时应明确相应的监管要求，并加强对金融机构和企业的监管力度，以防止金融风险的发生。同时，政府可以建立风险共担机制，鼓励各方共同承担创新过程中的风险，促进产业金融创新的健康发展。

最后，政策支持需要与市场机制相结合。市场机制是产业金融创新与变革的重要推动力量，在政策设计中应该充分考虑市场需求和供求关系。政府可以通过引导市场规范化、竞争化和透明化，提高资源配置效率和信息披露水平，为产业金融创新提供良好的发展环境。

06 第6章 创新与变革的方式与实践

产业金融创新与变革是推动行业发展和提升竞争力的关键因素。本章重点探讨产业金融创新与变革的方式与实践，并分析其对行业发展的影响。

一、技术创新

技术创新是产业金融领域中最为常见和重要的创新方式之一。随着信息技术的飞速发展，诸如人工智能、大数据分析、区块链等前沿技术正逐渐应用于金融行业。通过引入这些先进技术，产业金融可以提高效率、降低成本，并且开辟出更多的商机。例如，在供应链金融领域，采用区块链技术可以提高交易的可信度和透明度，解决传统供应链金融中存在的信任问题。技术创新对产业金融的影响已经在第4章“金融科技发展对产业金融的影响研究”中有详细分析，在此不再重复。

二、产品创新

产品创新是产业金融领域另一个重要的创新方式。通过不断改进现有产品或推出全新产品，可以满足市场需求，并吸引更多客户参与到产业金融中来。例如，在企业贷款领域，传统的信贷模式可能无法满足中小微企业的融资需求。因此，创新型产品如供应链融资、订单融资等被引入，为企业提供更灵活、便捷的融资方式。

2.1 产品创新的概念与重要性

产品创新是指企业通过引入新的技术、材料、设计等因素，改善现有产品或开发全新产品的过程。在产业金融领域，产品创新是推动行业变革和发展的重要驱动力之一。通过不断提升产品的质量、功能和用户体验，企业可以增强市场竞争力，实现持续增长。

2.2 产业金融中的产品创新趋势

随着科技进步和市场需求的不断演变，产业金融领域的产品创新也呈现出一些明显趋势。

首先，数字化转型成为推动产业金融产品创新的关键因素。随着互联网、大数据、人工智能等技术的迅猛发展，企业可以利用这些技术实现对传统金融服务模式和流程的优化和升级，提供更加个性化、高效便捷的金融产品。

其次，跨界合作促进了产业金融产品创新。在产业金融领域，不同行业之间进行合作已经成为常态。例如，在农村产业金融中，农业企业与金融机构合作，共同推出了一系列针对农民的金融产品，以满足其生产和经营的资金需求。

最后，绿色金融和可持续发展也成为产业金融产品创新的重要方向。随着全球对环境保护和可持续发展的关注度不断提高，绿色金融产品逐渐受到市场青睐。例如，一些银行推出了绿色贷款、碳排放权交易等产品，以支持环保产业的发展。

2.3 产业金融产品创新的实践案例

在实际应用中，许多企业已经通过产品创新来推动产业金融领域的变革。以智能制造为例，一些制造企业结合物联网、云计算等技术，在传统生产模式基础上开发了智能工厂解决方案。通过将设备和生产线连接到互联网上，并利用大数据分析和人工智能算法进行优化调度，企业可以提高生产效率、降低成本，并提供更加个性化定制的服务。在农村产业金融领域，一些金融机构通过创新金融产品，帮助农民解决资金短缺问题。例如，推出“农业供应链金融”产品，将农业企业、合作社和农民等环节进行有机衔接，实现产销对接和资金流通的有效连接。

另外，在绿色金融领域，一些银行推出了绿色贷款产品，支持可再生能源、清洁技术等环保产业的发展。同时，还通过开展碳排放权交易等服务，帮助企业减少碳排放并实现可持续发展目标。

2.4 产品创新面临的挑战与对策

在产业金融领域进行产品创新也面临一些挑战，需要企业积极应对。首先是技术和人才方面的挑战。要实现有效的产品创新，企业需要掌握先进的技术，并拥有具备创新思维和能力的人才团队。因此，企业应加强技术研发投入，并通过人才引进、培养等措施提升创新能力。其次是市场需求和风险管理方面的挑战。产品创新必须紧密结合市场需求，否则可能面临产品推广困难的问题。同时，创新也伴随着一定的风险，企业需要进行风险评估和管理，以确保创新项目的可行性和稳定性。

此外，政策环境和监管要求也对产业金融产品创新提出了一定的挑战。企业应密切关注相关政策和法规变化，并与监管部门保持良好沟通，确保产品创新符合法律法规要求。

总之，产业金融领域的产品创新是推动行业变革和发展的重要手段。通过抓住数字化转型、跨界合作和绿色金融等趋势，企业可以不断推出具有竞争力的金融产品。然而，在实践中仍需面对技术、人才、市场需求、风险管理等多方面挑战，并采取相应措施加以应对。

三、服务创新

在产业金融创新与变革的进程中，服务创新扮演着至关重要的角色。服务创新是指通过改进或重新设计产品和服务，以满足消费者不断变化的需求和期望，并提供更优质、高效的服务体验。在产业金融领域，服务创新不仅能够增强金融机构的竞争力，还能够推动整个行业向前发展。

3.1 理解消费者需求

为了实现有效的服务创新，金融机构首先需要深入了解消费者的需求。这包括对消费者行为、偏好和购买习惯进行细致的分析研究。通过市场调研和数据分析等手段，金融机构可以更好地把握消费者需求的变化趋势，并根据这些需求进行针对性的创新。

3.2 引入科技手段

随着科技的不断进步，金融机构可以借助先进技术来实现服务创新。例如，人工智能、大数据分析和区块链等技术可以帮助金融机构实现更高效、精准的客户定制化服务。通过建立智能化的客户服务平台，金融机构可以提供个性化的金融产品推荐、风险评估和投资咨询等服务，以满足不同消费者的需求。

3.3 打造创新型团队

服务创新需要有一支具备创新意识和实践能力的团队来支持。金融机构应该鼓励员工提出创新想法，并为他们提供相应的培训和资源支持。同时，金融机构可以与高校、科研机构等合作，引入外部专业人才和思维，促进服务创新的跨界合作。

3.4 加强合规管理

在进行服务创新时，金融机构要注重合规管理。虽然创新能够带来更多机会和盈利空间，但也伴随着一定的风险。因此，在推行新产品或服务之前，金融机构需要对其进行充分的尽职调查，并确保符合相关法律法规要求。同时，在运营过程中要建立完善的监控体系，及时发现并纠正可能存在的问题。

3.5 不断优化用户体验

用户体验是服务创新成功与否的关键因素之一。金融机构应该持续关注用户反馈，及时改进和优化产品和服务。通过建立客户投诉处理机制和满意度调查等方式，金融机构可以了解用户的真实需求，并采取相应措施进行改进。

3.6 推动行业合作

服务创新不仅是金融机构个体的事情，也需要行业内外各方的共同努力。金融机构可以积极参与产业金融创新平台、协会等组织，与其他企业和机构共享资源和经验，加强合作交流。通过开展联合研发、合作推广等方式，推动整个产业金融行业的服务创新发展。

总之，服务创新是产业金融创新与变革中不可或缺的一环。金融机构应该紧跟市场变化趋势，理解消费者需求，借助科技手段进行创新，打造创新型团队，并在合规管理和用户体验优化方面下功夫。同时，积极推动行业间的合作与交流，共同推进产业金融服务创新的发展。

四、合作创新

在产业金融创新与变革的过程中，合作创新是一种非常重要的方式和实践。通过不同领域之间的合作，企业可以共享资源、优势互补，从而实现更高水平的创新和发展。

4.1 合作创新的背景与意义

产业金融领域面临着日益复杂和多样化的挑战，单一企业难以独自应对这些挑战。而通过合作创新，企业可以汇集各方智慧和资源，在相互交流、协同推动下取得更好的效果。同时，合作创新还能够促进不同行业之间的融合与跨界发展，为产业金融带来全新的机遇。

4.2 合作创新模式

在合作创新中，有多种模式可供选择。以下是几种常见的合作模式。

4.2.1 产学研合作

在产业金融创新与变革的过程中，产学研合作发挥着重要的作用。产学研合作是指企业、高等院校和科研机构之间建立起密切联系和紧密合作的关系，共同开展科技研究、技术开发和人才培养等活动。

（1）产学研出现的背景介绍。

随着经济全球化和科技进步的加速推进，传统的单一创新模式已经无法满足日益复杂多变的市场需求。而产学研合作可以整合各方资源，促进知识与技术的转化和应用，加快创新成果向市场的转移。通过产学研合作，企业能够获取最新科技成果，并将其应用于实际生产中，提升产品质量和竞争力；高等院校能够接触到实际问题，并通过解决这些问题来推动自身教育教学水平和科研能力的提升；科研机构能够将自身专业知识转化为实际应用价值，推动科技成果更好地服务于社会。

（2）产学研合作的模式与方式。

产学研合作的模式和方式多种多样，可以根据不同的需求和资源进行选择。常见的合作模式包括联合研发、技术转移、人才培养等。在联合研发方面，企业与高校或科研机构可以共同承担某一科技项目，共享资源和成果；在技术转移方面，高校或科研机构可以将自身的科技成果转让给企业，并提供相关支持；在人才培养方面，企业可以提供实习机会和岗位培训，高校则可以为企业输送优秀毕业生。

（3）产学研合作的挑战与对策。

尽管产学研合作具有巨大潜力和诸多裨益，但也存在一些挑战需要克服。首先是利益分配问题，在合作过程中各方之间往往存在着利益分配的问题，需要通过协商和制定明确的规则来解决；其次是信息不对称问题，由于各方背景和目标不同，容易导致信息不对称现象出现，需要建立有效的沟通机制来弥补这一缺陷。此外，由于合作涉及多方面的因素，需要建立起有效的组织和管理机制来协调各方的工作。

为了克服这些挑战，产学研合作需要注重以下几个方面的对策。首先是加强沟通与交流，通过定期会议、研讨会等形式，促进各方之间的沟通和理解；其次是建立长期稳定的合作关系，通过签订合作协议或共同研究计划来确保合作的持续性。此外，还需要建立起专门负责产学研合作的机构或团队，提供专业化的支持和服务。

总之，产学研合作是产业金融创新与变革中不可或缺的一部分。通过加强企业、高校和科研机构之间的紧密联系和深度合作，可以实现资源优化配置、技术创新提升以及人才培养等多重目标。在未来发展中，我们应该进一步推动产学研合作模式创新，并加强相关政策支持和制度建设，为产业金融创新与变革提供更加坚实可靠的基础。

4.2.2 企业联盟

在产业金融创新与变革的过程中，企业联盟是一种重要的方式与实践。通过企业联盟，不同企业可以共同合作，整合资源，实现互利共赢。下面从企业联盟的定义、类型、优势和案例等方面进行详细分析。

（1）企业联盟的定义。

企业联盟是指多个独立的企业基于共同利益和目标而组成的一种合作形式。这些企业可以来自同一行业或不同行业，通过联合，在资源、技术、市场等方面进行合作与协调，以实现更大规模的经济效益。

（2）企业联盟的类型。

企业联盟可根据参与者之间关系特点和目标不同划分为多种类型。常见的类型包括：

①行业协会型联盟：由同一行业内的企事业单位组成，旨在推动整个行业发展，提高行业竞争力。

②技术研发型联盟：由多家科技型公司组成，以共享技术研发成果、

加强技术创新为目标。

③资源共享型联盟：由各类资源丰富的企业组成，通过资源共享、互补优势，实现资源的最优配置。

④市场拓展型联盟：由多个市场份额较小的企业组成，通过联合营销、渠道整合等方式，实现市场扩张和竞争优势。

（3）企业联盟的优势。

①资源整合：不同企业可以共享资源，降低成本，提高效率。例如，一家公司可能在技术研发方面有优势，而另一家公司则在生产和销售方面更强，在联盟中可以相互借鉴、互补发展。

②风险分担：通过企业联盟可以将风险进行分散和分享。如果一个企业遇到了困境或风险时，其他联盟成员可以提供支持和帮助，减少单个企业面临的风险。

③增强竞争力：通过联盟合作可以形成规模经济效应和协同效应，提高整体竞争力。集中资源、技术和市场份额后，能够更好地应对竞争，并获得更大的市场份额。

（4）企业联盟的实践案例。

企业联盟在实践中有着广泛的应用，以下是几个成功的企业联盟案例。

①OPEC（石油输出国组织）。由石油出口国组成，通过限制原油产量和价格调控，共同维护稳定的国际石油市场。

②联想和IBM合作。联想与IBM合作生产电脑，通过共享技术和市场渠道，使得联想在全球范围内迅速扩大了市场份额。

③阿里巴巴集团。阿里巴巴通过多个企业联盟形式，如淘宝、天猫等平台，整合了大量资源和商家，并打造了庞大的电子商务生态系统。

企业联盟是一种重要的产业金融创新与变革方式与实践。通过企业间资源整合、风险分担和协同效应的发挥，可以提高企业竞争力和行业话语权，实现规模经济效应，推动行业发展。在实践中，不同类型的企业联盟都有其特点和优势，需要根据具体情况进行选择与运营。

4.2.3 创新孵化器

（1）创新孵化器定义。

创新孵化器是一个集合了资金、网络、专业知识和经验等资源的组织或机构，旨在帮助初创企业从概念阶段到商业化阶段的转型过程中提供支持和指导。它通常提供办公空间、设备、培训课程以及与投资者、行业专家和其他初创企业之间建立联系的机会。

（2）创新孵化器功能。

①提供资源支持。创新孵化器为初创企业提供必要的资源支持，包括办公场地、设备设施和技术支持等。这些资源有助于降低初创企业的运营成本，并加速产品或服务上市时间。

②提供专业指导。通过与行业专家和成功企业家合作，创新孵化器能够为初创企业提供专业的指导和咨询。这些指导包括市场营销策略、商业模式设计、团队管理等方面的建议，帮助初创企业避免常见的错误并优化其发展路径。

③构建合作网络。创新孵化器通常有着广泛的合作网络，包括投资者、行业领袖和其他初创企业。通过与这些合作伙伴建立联系，初创企业可以获得更多机会，如融资、市场推广和合作项目等。

④提供培训课程。为了帮助初创企业提升其经营管理水平和技能，创新孵化器通常提供各种培训课程。这些课程涵盖了从商业计划书撰写到财务管理的各个方面，旨在提高企业家们的综合素质。

（3）创新孵化器在产业金融中的角色。

①促进技术转移。创新孵化器通过将科研成果与商业机会相结合，促进了技术转移。它为科研机构和高校提供了一个将科技成果转化为商业价

值的途径，并帮助初创企业获得相关的技术支持。

②提供融资渠道。创新孵化器通常与投资者建立了良好的合作关系，为初创企业提供了融资渠道。通过评估和筛选项目，创新孵化器能够将有潜力的初创企业与对其感兴趣的投资者联系起来，帮助企业获得所需的资金支持。

③促进产业升级。创新孵化器通过培育和孵化高新技术产业，推动了产业升级。它为具有市场前景和竞争力的初创企业提供了发展机会，进而推动整个产业链的优化和升级。

④培养创新人才。创新孵化器在培养和吸引创新人才方面发挥着重要作用。它为年轻的科技企业家提供了一个学习、成长和实践的平台，帮助他们更好地理解并应对市场挑战。建立一个创新孵化平台，吸引优秀的初创企业入驻，并提供资金、技术支持、市场渠道等资源，帮助企业快速成长。这种模式能够促进创新企业的孵化和发展。

4.2.4 跨界合作

在产业金融创新与变革的道路上，跨界合作是一种重要的方式和实践。随着经济全球化的深入发展，不同行业之间的界限逐渐模糊，传统产业面临转型升级的挑战。而跨界合作则为各个行业提供了一个共同发展、互利共赢的机会。

(1) 跨界合作的意义和价值。

跨界合作可以促进资源整合与优化配置。不同行业拥有各自独特的资源和优势，通过跨界合作，可以实现资源共享和互补。例如，制造业企业与金融机构之间的合作可以帮助制造企业解决融资难题，同时金融机构也能够通过与实体经济结合来降低风险并获取更高收益。

此外，跨界合作可以推动技术创新和商业模式创新。不同行业之间的交流和碰撞往往会激发出新的思维方式和创新理念。例如，在物联网技术迅速发展的背景下，传统制造企业与信息技术企业进行跨界合作，可以共同探索物联网在制造业中的应用，推动产业升级和转型。

(2) 跨界合作的方式与实践。

通过与高校、科研院所等知识机构进行合作，实现产业需求和科技创新的有机结合。例如，制造企业可以与大学共建研究院，开展技术创新和人才培养，提升企业核心竞争力。跨界合作还可以通过行业联盟和生态圈建设来实现。不同企业可以在特定领域形成联盟或者生态圈，共同开展市场拓展、产品研发等活动。例如，在智能家居领域，家电企业、互联网公司以及房地产开发商可以组建智能家居生态圈，共同打造智慧家庭解决方案。此外，投资与并购也是跨界合作的常见方式。通过投资或收购其他行业的公司，实现资源整合和优势互补。例如，金融机构可以通过投资或收购科技企业来获取技术优势，科技企业也可以通过与金融机构合作来解决资金需求。

(3) 跨界合作面临的挑战和对策。

跨界合作虽然具有很多优势和潜力，但也面临一些挑战。例如，不同行业之间存在着文化差异、管理差异等问题，可能会给跨界合作带来困难。此外，法律法规、政策环境等因素也会对跨界合作造成影响。

为了应对这些挑战，需要采取相应的对策。首先，加强沟通与协调，建立良好的合作关系。其次，完善相关政策和法律法规，提供良好的制度保障。最后，在跨界合作过程中注重文化融合和人才培养也是非常重要的。

总之，跨界合作是产业金融创新与变革的重要方式与实践。通过资源整合、技术创新和商业模式创新等途径，可以实现不同行业之间的互利共赢。然而，在进行跨界合作时需要注意克服各种挑战，并采取相应的对策来推动其成功实施。

4.3 合作创新案例

4.3.1 汽车制造与互联网公司合作

汽车制造商与互联网公司合作开发智能汽车产品，通过将互联网技术与传统汽车制造相结合，实现了智能驾驶、远程控制等功能的突破。

4.3.2 银行与科技公司合作

银行与科技公司合作开发移动支付产品，通过整合双方的技术和渠道优势，推动了移动支付的普及和发展。

4.3.3 高校与企业合作

高校与企业共同开展科研项目，实现了科研成果的产业化。例如，某大学与一家制药企业合作，在新药研发领域取得了重要突破，并成功将研究成果转化为商业价值。

4.4 合作创新中面临的挑战

在进行合作创新时，也会面临一些挑战。

4.4.1 利益分配问题

不同企业或机构之间可能存在利益分配上的纷争，需要通过协商和契约来解决。

4.4.2 文化差异

不同企业或机构之间可能存在文化差异，需要加强沟通与理解，建立良好的合作关系。

4.4.3 信息不对称

在合作创新中，信息不对称可能导致资源配置不均衡和效率低下，需要加强信息共享和透明度。

总之，在产业金融创新与变革中，合作创新是一种重要的方式与实践。通过建立各种形式的合作关系，可以充分利用多方资源，实现创新与发展的互利共赢。然而，在合作创新中也面临一些挑战，需要通过有效的沟通、协商和管理来克服。只有不断推动合作创新，产业金融才能实现更大程度的变革与发展。

五、金融工具使用的策略创新

在产业金融创新与变革中，金融工具的使用策略成了企业经营的关键因素之一。随着市场环境的不断变化和企业需求的日益多样化，金融工具的传统使用模式已经无法满足企业对资金支持和风险管理方面的需求。因此，创新性地运用金融工具并进行组合成了适应企业经营需要的重要手段。

5.1 创新性运用金融工具

5.1.1 多元化债务融资

传统上，企业主要依靠银行贷款来获取资金支持。然而，在当前复杂多变的市场环境下，单一依赖银行贷款已经无法满足企业需求。因此，创新性地运用多元化债务融资方式成了一个重要策略。例如，发行公司债、私募债等多种债务工具，以及利用股权质押、资产证券化等方式进行再融资。

5.1.2 创新性股权投资

除了传统的股票投资，创新性股权投资也成了企业融资的重要手段。

例如，风险投资、天使投资等方式可以为企业提供更加灵活和多样化的融资渠道，同时还能够借助投资方的经验和资源来实现战略合作。

5.1.3 创新性衍生品工具

衍生品市场的发展为企业提供了更多的风险管理工具。企业可以利用期货、期权等衍生品工具进行套期保值，降低市场波动对企业经营的影响。此外，可以通过创新性运用衍生品工具进行交易策略上的创新，从而获取更高的收益。

5.2 金融工具的组合拳

金融工具的组合拳指的是将多种不同类型的金融工具结合起来使用，以满足企业在经营活动中不同阶段和不同目标下的融资需求。通过灵活运用各类金融工具，企业可以更好地平衡风险与收益，并提高自身在市场上的竞争力。

5.2.1 资金结构优化

企业在使用金融工具时应该根据自身情况和需求进行综合考虑，并进行适当的组合。例如，可以通过债务融资和股权融资相结合的方式来优化公司的资金结构，以达到稳定经营和降低财务风险的目标。

5.2.2 风险管理与控制

金融工具不仅可以用于融资，还可以用于风险管理与控制。企业可以运用衍生品工具进行风险对冲，通过多样化的投资组合来降低整体风险。同时，可以利用保险、信用担保等金融工具来规避和转移风险。

5.2.3 资金运作与收益优化

企业在使用金融工具时应该注重资金的灵活运作和收益的最大化。通过合理运用短期融资、长期融资以及投资理财等手段，实现企业经营活动的顺利开展和收益的增长。

5.3 金融工具组合使用的意义

5.3.1 研究背景

实体经济的融资需求是因为经营活动产生的，经营不是静态和独立的，一个正常的企业都会同时存在各种经营活动，采购、销售、研发、生产，这些经营活动都可能产生融资需求，但是一种金融工具往往只能解决一种经营活动的融资需求，眉毛胡子一把抓，大水漫灌的金融模式已经完全不适用当前的实体经济融资方需求。这就是当前实体经济在融资中遇到的最大困难，也是产业金融坏账规模常年居高不下的主要原因[1]。

在此背景下，深入研究实体经济的经营，并采取各种金融工具的组合拳使用，才能真正解决实体经济的真实的融资需求，这样的融资对实体经济和金融机构都安全。

5.3.2 金融工具组合使用有着重要的意义

首先，通过灵活运用不同类型的金融工具进行组合，可以满足实体经济多样化、复杂化的融资需求。每个企业都有其特定的经营模式和发展阶段，单一金融工具可能无法完全适应其需要。而通过组合使用不同类型的金融工具，可以更好地匹配实体经济当前所面临的各类经营活动和发展目标。

其次，金融工具组合使用可以提高风险管理能力。不同类型的金融工具对应着不同程度和形式上的风险。通过组合使用金融工具，可以分散和平衡风险，降低实体经济面临的风险水平。例如，企业可以同时运用股权

[1] 王立峰. 2021 商业银行坏账报告：1.7 万亿不良，工农中建四大行金额居首［EB/OL］.（2021-05-15）［2024-08-03］. https：//cj.sina.com.cn/articles/view/5937487609/161e6def900100rdhk.

融资、债券融资和银行贷款等多种金融工具，以分散风险并提高融资成功率。

再次，金融工具组合使用还有助于提高企业的融资效率。不同类型的金融工具在成本、期限、灵活性等方面存在差异。通过根据实体经济的特定需求选择合适的金融工具进行组合使用，可以最大限度地优化资金成本和使用效益。例如，在短期流动资金需求较大时，企业可以选择短期银行贷款和商业票据等快速周转的金融工具；而在长期投资项目需要资金支持时，则可以考虑发行债券或引入战略投资者等方式。

最后，金融工具组合使用还有助于提升实体经济在市场中的竞争力和形象。通过巧妙地运用不同类型的金融工具进行组合拳使用，实体经济能够更好地展示其经营能力、发展潜力和未来规划。这有助于增加投资者、合作伙伴和金融机构的信任，为企业未来的发展提供更多的支持和机会。

总之，金融工具组合使用在实体经济的融资需求中具有重要意义。通过灵活运用不同类型的金融工具进行组合，可以满足实体经济多样化、复杂化的融资需求；同时，也能够提高风险管理能力、提升融资效率以及增强企业在市场中的竞争力和形象。因此，在制定金融策略时，实体经济应该充分考虑各种金融工具的特点与优势，并结合自身需求进行适当的组合使用，以实现最佳的融资效果。

六、本章小结

本章主要探讨了产业金融创新与变革作为关键因素对行业发展和竞争力的提升。通过分析产业金融创新与变革的方式和实践，我们可以得出以下几点结论。

首先，产业金融创新是推动行业发展和提升竞争力的重要手段之一。随着经济全球化的深入发展和市场竞争日益激烈，传统金融模式已不能满足企业在资金、风险管理等方面的需求。而通过引入创新理念和技术手段，产业金融能够为企业提供更加灵活多样的融资渠道和风险管理工具，帮助企业降低成本、提高效率，并推动行业整体发展。

其次，产业金融创新与变革需要积极探索适合行业特点的方式与实践。不同行业在面临挑战和机遇时，需要根据自身特点制定相应的创新策略和实施方案。例如，在制造业领域，可以通过推动智能制造技术与金融服务相结合，实现供应链金融的创新；在互联网行业，可以利用大数据和人工智能等技术手段，开展风险评估与预测，提供更加个性化的金融服务。因此，产业金融创新需要深入研究行业需求，积极探索适合行业特点的方式与实践。

最后，产业金融创新与变革对行业发展具有重要影响。通过推动产业金融创新，可以为企业提供更多元化、个性化的金融服务，降低企业运营成本和融资成本，促进企业创新能力和竞争力的提升。同时，在整个产业链上推动金融服务的创新与变革也将带动相关产业环节的发展壮大，并推动整个行业向高质量发展迈进。

综上所述，产业金融创新与变革是推动行业发展和提升竞争力的关键因素。通过不断探索适合行业特点的方式与实践，并充分利用科技手段进行创新，在满足企业需求的同时促进整个行业生态系统的良性发展。我们期待未来在产业金融创新与变革的推动下，各行业能够实现更加可持续、高质量的发展。

07

第 7 章

区块链技术在供应链金融中的应用

在探讨区块链技术在供应链金融中的应用案例之前，我们需要对区块链技术进行一个概述。区块链技术是一种分布式账本技术，通过密码学、共识算法和去中心化的网络结构，实现了数据的安全存储和交易的可追溯性。

一、区块链技术概述

区块链的核心思想是将交易记录按照时间顺序链接成一个个数据块，并通过密码学哈希算法确保每个数据块之间的链接不可篡改。每个数据块都包含了前一个数据块的哈希值，这样就形成了一个不断增长的“链”。因此，一旦有人尝试篡改某个数据块中的信息，就会导致该数据块及其后续所有数据块的哈希值发生变化，从而被其他节点拒绝。

1.1 区块链技术核心特点

1.1.1 去中心化

传统金融体系中，交易往往需要通过银行或第三方机构作为中介来完成。而区块链技术通过去中心化的网络结构，使得参与者可以直接进行点对点的交易，无须第三方机构。

1.1.2 透明性

区块链中的交易记录是公开可查的，每个节点都可以验证和查看交易信息。这种透明性有助于提高交易的信任度，减少欺诈和不当行为。

1.1.3 不可篡改

区块链上的数据一旦被写入，就无法被修改或删除。通过密码学哈希算法和共识机制的运作，确保了数据的安全性和完整性。

1.1.4 高效性

区块链技术采用分布式网络结构，使得交易可以实时进行，并且不需要经过烦琐的中间环节。这样可以大幅缩短交易时间和降低交易成本。

1.2 区块链技术在供应链金融领域的重要作用

传统供应链金融涉及多个参与方之间的复杂流程和信息共享问题，容易导致信息不对称、风险高等问题。而区块链技术可以实现供应链各参与方之间信息共享、信任建立、合同执行等功能，从而提升供应链金融服务效率和风险控制能力。

总结起来，区块链技术以其去中心化、透明、不可篡改和高效等特点，在供应链金融中有着广阔的应用前景。

二、供应链金融概述

在现代商业活动中，供应链金融是一种重要的金融服务模式，它通过将金融服务与供应链管理相结合，为参与供应链的各个环节提供资金支持和风险管理。供应链金融旨在解决传统贸易中存在的资金流动不畅、信用风险高等问题，推动整个供应链的优化和协调发展。

2.1 供应链金融的定义和特点

供应链金融是指基于现代信息技术手段，以企业间交易为基础，通过银行、保险公司等金融机构提供的综合性、差异化服务来改善整个供应链上下游企业的资金流动状况，并加强对交易双方信用风险的控制。其主要特点包括以下几个方面：

2.1.1 面向全球范围

供应链金融可以跨越国界，实现全球范围内的资金流动和风险管理。

2.1.2 多元化产品

根据不同企业和交易场景需求，供应链金融提供多种产品和服务选择。

2.1.3 整体性服务

以整个供应链为核心，通过共享信息和合作机制，提供一体化的金融服务。

2.1.4 风险管理

通过对供应链各环节的信用评估和风险控制，减少交易中的信用风险。

2.2 供应链金融的主要形式

供应链金融的具体形式可以根据不同参与主体和资金流动方式划分为以下几种：

2.2.1 应收账款融资

以企业应收账款为基础，向企业提供短期资金支持。

2.2.2 仓单质押融资

以商品仓单为抵押物，向企业提供流动性贷款。

2.2.3 订单融资

以订单或合同为基础，向企业提供预付款或采购资金支持。

2.2.4 保理业务

通过将应收账款转让给保理公司，实现资金回笼和风险转移。

2.2.5 资产证券化

将企业的债权或其他资产打包成证券产品，发行给投资者。

2.3 供应链金融在区块链技术中的应用案例

区块链技术作为一种去中心化、透明、安全的分布式账本技术，在供应链金融领域有着广泛的应用前景。以下是一些区块链技术在供应链金融中的应用案例：

2.3.1 信用评估和溯源

利用区块链技术可以实现对供应链上各参与主体的信用评估和溯源，提高交易安全性和可信度。

2.3.2 资产数字化

将企业的资产通过区块链技术进行数字化表示，实现资产所有权的透明化和可流转性。

2.3.3 智能合约

利用智能合约技术可以实现自动化的交易执行和风险管理，减少交易成本和风险。

2.3.4 去中心化金融市场

基于区块链技术构建去中心化金融市场，为供应链上的企业提供更多融资渠道和投资机会。

总结起来，供应链金融作为一种创新型金融服务模式，在优化供应链、改善资金流动状况、降低交易风险等方面发挥着重要作用。

三、区块链技术在供应链金融中的应用案例

3.1 案例1：区块链在供应链金融中的溯源功能实践

随着供应链金融的发展，传统的供应链管理模式面临着一系列问题，如信息不对称、信任缺失、数据篡改等。而区块链作为一种分布式账本技术，具备去中心化、不可篡改、共享透明等特点，为解决这些问题提供了新的可能性。下面介绍一个实际案例，探讨区块链技术在供应链金融中的溯源功能实践。

3.1.1 案例背景

某国际贸易公司经营进口食品业务，在过去的运营过程中，由于信息不对称和缺乏信任机制，导致了一系列食品安全问题。尤其是近年来频繁出现的假冒伪劣产品和食品污染事件，使得该公司及其合作伙伴面临巨大风险。为了提高供应链管理水平和食品安全监管能力，该公司决定引入区块链技术，并利用其溯源功能来追溯商品从生产到销售的整个过程。

3.1.2 案例实践

为了实现供应链金融中的溯源功能，该公司采用了区块链技术搭建了一个供应链管理平台。具体步骤如下：

（1）建立共享账本。在区块链上创建一个共享账本，将所有参与方的交易记录和信息都写入区块，并通过共识算法保证数据的一致性和可信性。

（2）生产环节记录。生产环节的每个关键节点都要将相关数据和信息上传到区块链上。例如，种植农户需要上传种子来源、施肥情况等信息；加工厂需要上传原料来源、生产过程等信息。

（3）物流环节记录。物流环节负责商品运输和仓储，在每个关键节点都要将货物位置、状态等信息上传到区块链上。这样可以实现对货物的实时追踪和监管。

（4）销售环节记录。销售环节包括批发商、零售商等，他们需要将销售情况、产品验收结果等信息上传到区块链上。这样消费者可以通过扫描商品上的二维码来获取详细的产品信息。

3.1.3 案例效果

通过引入区块链技术，在供应链金融中实现了溯源功能，该公司取得了以下效果：

（1）信息透明。所有参与方都可以在区块链上查看到商品的生产、运输和销售等环节的详细信息，实现了供应链全程可追溯。

（2）信任建立。区块链技术的去中心化和不可篡改性，增强了参与方之间的互信，减少了信息不对称和欺诈行为。

（3）风险防控。通过实时监管和追踪货物位置，可以及时发现并处理潜在风险，提高食品安全管理水平。

（4）金融服务拓展。基于溯源数据，金融机构可以更准确地评估供应链中各个环节的风险，并提供针对性的金融服务。

3.1.4 案例启示

该案例表明，在供应链金融领域引入区块链技术可以有效解决信息不对称、信任缺失等问题。通过实现溯源功能，可以提升供应链管理水平和食品安全监管能力。然而，同时也要注意区块链技术在实践过程中面临的挑战，如数据隐私保护、技术成本等问题。因此，在引入区块链技术时需要综合考虑各方面因素，确保技术的有效应用。

通过该案例可以看出，区块链技术在供应链金融中的应用具有巨大潜力，并能够解决传统供应链管理模式中存在的问题。随着区块链技术的不断发展和成熟，相信其在供应链金融领域将会有更广泛的应用。

3.2 案例2：区块链在供应链金融中的信用风险管理实践

在供应链金融领域，信用风险一直是一个重要的挑战。传统的供应链金融模式中，由于信息不对称和信用背书难以核实等问题，导致了供应商和金融机构之间的信任缺失和风险增加。然而，区块链技术的出现为解决这一问题提供了新思路。

3.2.1 信用风险管理需求

在传统供应链金融模式中，供应商需要向金融机构提供大量的证明材料来证明其资信状况和交易记录。这些证明材料包括但不限于企业营业执照、税务登记证、财务报表等。然而，这些材料容易被伪造或篡改，使得金融机构无法准确评估供应商的信用状况。

另外，由于信息不对称以及信息共享困难，银行往往无法全面了解企业的经营情况和与其他企业之间的关系。这也给银行带来了信用风险，很难判断供应商是否具备偿还贷款的能力。

因此，供应链金融领域需要一种可靠的、去中心化的信用评估和管理机制，以减少信用风险，提高资金融通效率。

3.2.2 区块链技术在信用风险管理中的应用

区块链技术通过去中心化、不可篡改和透明等特点，为供应链金融中的信用风险管理提供了新的解决方案。

首先，区块链可以记录和存储供应商的交易记录、合同信息以及相关证明材料。这些信息被加密并分布在网络中的多个节点上，使得信息无法被篡改。供应商可以将自己的交易记录和其他证明材料上传到区块链上，并通过智能合约进行验证和审批。金融机构可以通过查询区块链上的数据来了解供应商过去的交易情况，并根据这些数据进行信用评估。

其次，区块链可以实现供应商之间信息共享和协同合作。通过建立一个共享账本，在区块链上记录每个参与者之间的交易流程和关系，实现真正意义上的信任共识。供应商之间可以通过区块链平台进行信息共享和协作，提高整个供应链的透明度和效率。金融机构可以通过查询区块链上的数据来了解供应商与其他企业之间的合作关系，并根据这些数据进行信用评估。

最后，区块链技术可以实现智能合约的自动执行和监督。智能合约是一种基于区块链的自动化合约，其中包含了特定的条件和规则。当这些条件被满足时，智能合约会自动执行相应的操作。在供应链金融中，智能合约可以用于控制资金流向、支付款项以及跟踪货物流转等环节。通过智能合约的自动执行，减少了人为因素的干扰，提高了交易安全性和可靠性。

3.2.3 实践案例

目前已经有一些企业在供应链金融领域成功应用了区块链技术进行信用风险管理。例如，在某国内大型电子产品生产企业与其供应商之间建立了一个基于区块链技术的信用风险管理平台。该平台利用区块链记录并验证供应商交易记录、证明材料以及相关信息，并通过智能合约进行审批和支付。通过这个平台，企业可以实时了解供应商的交易情况和信用状况，减少了信用风险，并提高了供应链的资金融通效率。

另外，某国内银行也尝试将区块链技术应用于供应链金融中的信用风险管理。该银行与多家供应商合作，在区块链上记录供应商的交易记录、合同信息以及相关证明材料，并通过智能合约进行验证和审批。通过查询区块链上的数据，该银行可以快速评估供应商的信用状况，并为其提供相应的金融服务。

可以看出，区块链技术在供应链金融中的信用风险管理实践已经取得了一些成功案例。通过利用区块链去中心化、不可篡改和透明等特点，可以建立一个可靠的、去中心化的信用评估和管理机制。这将有助于减少信用风险，提高资金融通效率，并推动整个供应链金融领域向更加安全、高效和可持续发展方向迈进。

四、区块链技术在供应链金融中应用的优势和挑战

4.1 区块链技术在供应链金融中的优势

4.1.1 透明度和可追溯性

区块链技术通过分布式账本的方式，实现了对交易数据的共享和记录。这使得供应链金融中的各个参与方能够实时查看整个交易过程，确保数据真实可信，并且可以追溯每一笔交易的来源和去向，减少信息不对称问题。

4.1.2 去中心化和信任机制

传统供应链金融往往需要依赖第三方机构来提供担保或审查资料，而区块链技术则通过智能合约等手段，消除了中介环节，实现了点对点直接交易。参与方可以通过智能合约来自动执行合同条款，确保交易安全可

靠，并且无须依赖单一机构或个人的信任。

4.1.3 高效性和降低成本

由于区块链技术采用了去中心化的方式进行交易，省去了烦琐的人工操作流程。同时，在数字化资产管理和智能合约的支持下，供应链金融中的各个环节可以自动化执行，提高了交易的效率，并且降低了人力和时间成本。

4.1.4 防篡改和安全性

区块链技术采用密码学算法保护数据的完整性和安全性，使得交易记录不可篡改。这在供应链金融中具有重要意义，可以防止恶意篡改或者数据造假，保证了交易数据的真实可信。

4.2 区块链技术在供应链金融中面临的挑战

4.2.1 技术难题

虽然区块链技术具有很多优势，但是其底层技术复杂度较高，对于参与方来说需要具备一定的技术实力和专业知识。同时，在大规模应用时还需要解决扩展性和性能问题，以满足供应链金融高并发、大规模交易的需求。

4.2.2 法律法规

目前许多国家对于区块链技术在供应链金融领域缺乏明确的法律法规支持。这给区块链技术的广泛应用带来了一定的不确定性和风险。同时，在跨境交易中，不同国家的法律制度和监管机构之间存在差异，也增加了区块链技术在供应链金融中的应用难度。

4.2.3 隐私保护

区块链技术的去中心化和透明性特点使得交易信息对于所有参与方都

是可见的。然而，在供应链金融中，商业秘密和个人隐私等敏感信息需要得到保护。如何在保证数据共享和交易透明性的同时，确保隐私安全成为一个亟待解决的问题。

4.2.4 产业协同

供应链金融涉及多个参与方之间的合作和协调，区块链技术要实现在这样复杂多样的环境下的广泛应用，需要建立起统一标准和协议，促进各方之间的协同配合。此外，供应链金融涉及多个行业领域，需要解决不同行业之间数据格式、接口兼容性等问题。

4.2.5 总结

尽管区块链技术在供应链金融中具有诸多优势，但其面临着技术、法律、隐私保护以及产业协同等方面的挑战。只有充分认识到这些挑战，并采取相应的措施加以解决，才能够更好地推动区块链技术在供应链金融领域的应用，实现更高效、安全、透明和可信赖的供应链金融服务。

五、本章小结

在本章中，我们对区块链技术在供应链金融中的应用案例进行了详细的分析和讨论。通过对现有的实际案例进行研究，我们发现区块链技术在供应链金融领域具有巨大的潜力和优势。

首先，区块链技术能够解决传统供应链金融中存在的信任问题。由于区块链是一种去中心化的分布式账本技术，所有参与者都可以共享和验证交易信息，确保数据的真实性和不可篡改性。这使得供应链金融过程更加透明和可信，减少了欺诈行为的发生。

其次，区块链技术能够提高供应链金融的效率和速度。传统供应链金融涉及多个环节和多个参与方之间的信息传递和确认，往往需要耗费大量时间和资源。而区块链技术通过智能合约等功能，可以自动执行合同条款并实时更新交易信息，从而简化了整个流程，并加快了资金流动。

最后，区块链技术还能够降低供应链金融的成本。传统供应链金融中，由于存在多元中介和复杂的手续费结构，使得资金的流转成本较高。而区块链技术可以实现去中心化的交易和结算，减少了中间环节和相关费用，降低了供应链金融的运营成本。

尽管区块链技术在供应链金融领域已经取得了一些成功案例，但仍然存在一些挑战和问题需要进一步研究和解决。首先，随着区块链技术的不断发展和应用扩大，安全性和隐私保护将是一个重要的议题。在供应链金融中涉及大量敏感信息和商业秘密，如何保证这些信息在区块链上的安全存储和传输是一个亟待解决的问题。其次，标准化与合规性也是需要关注的方向。由于区块链技术在不同行业和地区具有广泛应用，各方之间存在着不同的标准和规则。因此，在推动供应链金融与区块链技术结合时，需要建立统一的标准体系，并确保符合相关法律法规的要求。最后，用户教育和接受度也是一个重要的问题。由于区块链技术相对较新，对于供应链金融从业者和参与者来说，了解和理解其工作原理和应用方式是至关重要的。因此，未来研究可以关注如何提高用户对区块链技术的认知度，并推动其广泛应用于供应链金融领域。

综上所述，区块链技术在供应链金融中具有巨大潜力和优势。通过进一步研究和解决相关问题，我们相信未来会有更多的成功案例出现，并为供应链金融带来更多创新和发展机遇。

08 第8章 互联网平台模式对产业金融的影响

随着互联网的快速发展，互联网平台模式越来越清晰，越来越重要。互联网平台模式将信息技术与金融服务相结合，打破了产业与金融之间的壁垒，提供了更加开放、便捷的金融服务。通过互联网平台，用户可以随时随地进行金融操作，无论是贷款、理财还是支付，都变得更加简单和快速；互联网平台推动了金融创新和产品多样化，并促进了产业金融与其他行业之间的合作。然而，互联网平台模式也带来了一些挑战和风险，如信息安全、监管等问题需要引起重视。因此，在充分发挥互联网平台模式优势的同时，也需要加强相关政策和监管措施，确保金融市场的稳定和健康发展。

一、互联网平台模式的基本概念和特点

互联网平台模式是指通过互联网技术和相关的商业模式，构建起一个连接供需双方的平台。它以信息技术为核心，通过整合资源、提供服务、促进交易等方式，实现多方参与、共享价值的商业模式。

1.1 基本概念

互联网平台模式是在传统产业基础上发展起来的一种新型商业模式。它利用互联网技术将供需双方连接起来，打破了传统产业中信息不对称、交易成本高等问题。通过平台的构建和运营，实现资源优化配置和价值创造。

1.2 特点分析

1.2.1 多边市场特性

互联网平台模式具有多边市场特性，即平台上存在多个参与主体，包括供应商、需求方、用户等。这些主体之间相互依存、相互影响，并通过平台进行交流和交易。通过整合各方资源，形成规模效应和网络效应，提升整个市场的效率。

1.2.2 信息聚合与匹配

互联网平台模式以信息聚合与匹配为核心功能。通过收集、整理和分析大量的信息数据，平台可以准确地了解用户需求和供应商资源，实现有效的信息匹配。这种精准的匹配机制可以提高交易效率，同时也为用户提供更优质的服务。

1.2.3 低成本高效率

相对于产业金融模式，互联网平台模式具有较低的成本和更高的效率。通过互联网技术的支持，平台能够降低信息传递成本、交易成本和运营成本。同时，由于规模化经营和资源共享，平台可以实现资源的最优配置，提高整体效益。

1.2.4 创新驱动与灵活性

互联网平台模式注重创新驱动和灵活性。由于互联网技术的快速发展和不断更新迭代，平台可以及时调整自身业务模式、产品设计和服务策略。这使得互联网平台能够适应市场变化、满足用户需求，并不断推出创新产品或服务。

1.2.5 共享经济与社会影响

互联网平台模式促进了共享经济的发展，并对产业金融产生了深远影响。通过共享资源、共同承担风险，平台可以实现资源的最大化利用和共享价值的创造。同时，互联网平台模式也改变了产业金融的运作方式和商业模式，推动着产业结构的升级和转型。

综上所述，互联网平台模式作为一种新兴商业模式，具有多边市场特性、信息聚合与匹配、低成本高效率、创新驱动与灵活性以及共享经济等特点。它给产业金融带来了冲击和变革，推动着传统产业向数字化、智能化方向发展，并对经济社会产生深远影响。

二、互联网平台模式对产业金融的影响和冲击

2.1 数据驱动金融创新

随着互联网平台模式的兴起和发展，产业金融正面临着前所未有的冲击和变革。其中，数据驱动金融创新成为互联网平台模式对产业金融影响最为显著的方面。下面深入探讨数据驱动金融创新在互联网平台模式下的影响，并分析其带来的机遇与挑战。

2.1.1 数据驱动金融创新的意义

在产业金融中，信息不对称、信用评估困难等问题一直是制约其发展的瓶颈。而互联网平台模式以大数据技术为基础，能够收集、整理和分析海量用户行为数据，从而更好地了解用户需求和风险偏好，提供更精准的金融服务。数据驱动金融创新能够有效解决信息不对称问题，提高金融服务效率和质量。

2.1.2 数据驱动风险管理

在产业金融中，风险管理一直是一个重要但难以解决的问题。通过互联网平台模式，金融机构可以通过大数据分析和人工智能技术实现更精准的风险评估和管理。通过对海量用户数据的分析，金融机构能够更好地识别潜在风险，提前采取措施进行防范和化解，从而降低风险损失。

2.1.3 数据驱动创新产品与服务

互联网平台模式下的金融机构可以基于大数据分析结果，开发出更加符合用户需求的创新产品与服务。通过对用户行为数据和消费习惯的深入研究，金融机构可以定制化推出个性化贷款、投资等金融产品，并提供更加灵活便捷的服务体验。同时，互联网平台模式还促使金融机构与其他产业进行深度合作，在跨界创新中寻求突破。

2.2 科技赋能传统金融业务流程优化

随着互联网平台模式的兴起，产业金融正面临着前所未有的冲击和变革。在这个过程中，科技扮演着重要的角色，通过为传统金融业务流程提供赋能，实现了效率提升、成本降低以及服务创新。本章节将就科技如何赋能传统金融业务流程进行详细阐述。

2.2.1 数据驱动的风控与信用评估

在传统金融领域，风险控制和信用评估一直是关键环节。然而，传统方式下的风控和信用评估过程常常烦琐、耗时，并且容易受到人为因素的影响。互联网平台模式引入了大数据和人工智能等技术手段，使得风控和信用评估更加智能化、精准化。通过对海量数据的分析和挖掘，可以更好地识别潜在风险，并且利用算法模型实现即时决策，在保证安全性的同时提高放款速度。

2.2.2 智能客服与自助服务

传统金融业务流程中的客户服务环节常常需要大量人力投入，而且受限于时间和空间等因素，无法实现24小时全天候的服务。互联网平台模式通过引入智能客服和自助服务技术，改变了传统金融的服务方式。利用自然语言处理、机器学习等技术，可以实现智能化的在线客服，为用户提供实时、个性化的解答和指导。同时，通过移动应用和网页端的自助功能，用户可以随时随地进行操作和查询，提升了用户体验。

2.2.3 移动支付与线上交易

互联网平台模式对传统金融业务流程的改变还体现在支付和交易方面。传统金融业务中，支付往往需要依赖银行柜台或 ATM 机等渠道完成，而线下交易也受限于时间和地点。互联网平台模式引入了移动支付技术，使得支付更加便捷快速，并且减少了人工操作环节带来的错误风险。同时，在线上交易方面，互联网平台模式也为消费者提供了更多选择和便利，打破了传统金融场景下的局限。

综上所述，在互联网平台模式的推动下，科技赋能传统金融业务流程优化已经取得了显著的成效。数据驱动的风控与信用评估、智能客服与自助服务以及移动支付与线上交易等方面的改变，使得传统金融业务流程更加高效、便捷和安全。然而，随着科技的不断进步和互联网平台模式的不断演进，传统金融业务仍需不断适应新技术带来的挑战，并积极探索创新发展之路。

2.3 互联网平台模式对产业金融的冲击

互联网平台模式也给产业金融带来了一些挑战和冲击。

首先，互联网平台模式的快速发展导致市场竞争激烈，传统金融机构面临着巨大的竞争压力。传统金融机构需要不断创新和优化自身服务才能在竞争中立于不败之地。

其次，在互联网平台模式下，信息安全问题成为一个重要的挑战。虽然互联网平台提供了便捷的金融服务，但同时也给个人信息安全带来了风险。一些不法分子通过网络攻击手段窃取用户个人信息或者进行网络诈骗活动。这对产业金融造成了一定的冲击，使得用户对于互联网金融的信任度降低，也给平台运营方带来了管理和风险控制的挑战。

最后，互联网平台模式对传统金融机构的监管提出了新的要求。传统金融机构在监管方面有着成熟的经验和规则，而互联网金融平台的发展速度较快，在监管方面存在一定滞后性。这就需要相关部门加强对互联网金融平台的监管力度，保护投资者利益，维护金融市场稳定。

可以看出，互联网平台模式给产业金融带来了巨大的影响和冲击。它为企业提供了更多融资渠道的同时也带来了竞争压力、信息安全问题以及监管挑战。产业金融机构应加快创新与变革，转化挑战为机遇。

三、商业模式创新对产业金融的影响

3.1 平台经济与共享经济对金融服务方式的改变

随着互联网和信息技术的快速发展，平台经济和共享经济已成为推动商业模式创新的重要力量。这两种经济形态在传统产业中引入了许多新的金融服务方式，对产业金融产生了深远影响。

3.2 平台经济带来的金融服务创新

平台经济以在线平台为基础，通过连接供需双方，实现资源配置和交易。在这种模式下，金融服务也发生了巨大变革。

3.2.1 平台经济促进了支付方式的创新

传统产业中，消费者通常使用现金或银行卡进行支付。而在平台经济中，电子支付、移动支付等新型支付方式得到广泛应用。这些支付方式不仅提高了交易效率和便利性，还减少了现金流转环节带来的安全风险。

3.2.2 平台经济催生新型金融产品和服务

例如，在共享出行领域兴起的租赁分期付款、车险分期付款等金融产品满足了用户对于更加灵活、个性化支付需求。此外，平台经济还推动了众筹等新兴金融模式的发展，为创业者和小微企业提供了更多的融资渠道。

3.2.3 平台经济改变了金融服务的传统边界

传统产业中，金融机构主要通过线下网点提供金融服务。而在平台经济中，金融服务可以直接嵌入在线平台，实现无缝对接。这使得用户可以在购物、出行等场景中直接享受到便捷的金融服务，例如支付、信用评估等。

3.3 共享经济对金融服务方式的改变

共享经济通过共享闲置资源或个人技能，实现资源优化配置和价值最大化。在这一过程中，共享经济也对传统产业的金融服务方式带来了一系列影响。

3.3.1 共享经济加速了消费者需求从拥有转向使用

在过去，消费者往往通过购买商品或服务来满足自身需求。而在共享经济中，消费者更倾向于通过租赁、共享等方式来获取所需资源。这种模式下，消费者对于付款方式和支付周期的需求也发生了变化，金融机构需要针对这些需求提供相应的金融产品和服务。

3.3.2 共享经济推动了信用评估模式的创新

在共享经济中，个人之间的资源共享和交易往往依赖于信用评估体系。因此，金融机构需要通过大数据、人工智能等技术手段来构建更加精准、全面的信用评估模型，以提供可靠的信用背书和风险管理服务。

3.3.3 共享经济促进了社区金融的发展

在传统产业中，金融服务通常由大型银行或金融机构主导。而在共享经济中，社区成员之间可以通过平台进行互助互贷等形式的金融活动。这种模式下，社区成员可以更加灵活地获取资金支持，并且能够更好地满足小额、短期资金需求。

综上所述，平台经济与共享经济对产业金融产生了深远影响。它们带来了支付方式创新、新型金融产品与服务、边界突破以及信用评估模式和社区金融的改变等方面的变革。金融机构需要积极适应和借鉴这些变化，不断创新和优化金融服务方式，以满足用户需求并推动产业金融的发展。

四、新兴金融科技公司对产业金融竞争力的挑战

在当今快速发展的数字经济时代，新兴金融科技公司如雨后春笋般涌现，给产业金融的发展带来了巨大挑战。这些新兴金融科技公司凭借着创新的商业模式和前沿的技术手段，正在改变着传统金融行业的格局。

4.1 提供更高效、便捷的金融服务

新兴金融科技公司在挑战产业金融的过程中，最明显的优势之一是能

够提供更高效、便捷的金融服务。这些科技公司借助先进的技术手段和创新的商业模式，为用户带来了全新的金融体验。

4.1.1 通过数字化和自动化的方式改变了传统金融服务的流程

产业金融通常需要客户亲自前往银行柜台或者预约时间与理财顾问面谈，而新兴科技公司则通过在线平台和移动应用将各类金融产品直接呈现给用户。用户只需在手机上轻点几下，即可完成开户、转账、投资等操作，节省了大量时间和精力。

4.1.2 利用大数据和人工智能等技术手段实现了个性化、智能化的金融服务

产业金融由于规模庞大、流程烦琐，往往难以根据每位客户的具体需求进行个性化定制。而新兴科技公司通过分析用户数据和行为模式，可以为每个用户提供量身定制的金融产品和服务。例如，根据用户的消费习惯和理财目标，智能投顾系统可以为其推荐最适合的投资组合，帮助用户实现财富增值。

4.1.3 通过创新的支付方式和金融工具提升了金融服务的便捷性

产业金融通常依赖于传统的银行卡、支票等支付工具，交易过程烦琐且时间较长。而新兴科技公司则推出了各种移动支付、电子钱包等便捷支付方式，并将其与线上购物、社交娱乐等场景相结合，使得用户可以随时随地进行支付和转账操作。

4.1.4 在提供更高效、便捷的金融服务方面面临的挑战

首先是数据安全问题，由于涉及大量个人敏感信息和资金流转，科技公司需要加强对数据隐私和信息安全的保护措施。其次是监管风险，在新兴科技领域发展迅猛的同时，监管机构也需要跟进相应法规政策，确保市场秩序和客户权益的保护。

4.2 拥有更灵活和开放的商业模式

在新兴金融科技公司对产业金融竞争力的挑战中，拥有更灵活和开放的商业模式成为一项关键因素。产业金融通常采用传统的商业模式，包括分行网络、固定利率贷款和传统支付系统等。然而，随着科技的迅速发展和消费者需求的变化，新兴金融科技公司积极探索创新商业模式，并通过其灵活性和开放性给产业金融带来了重要挑战。

4.2.1 采用了更加灵活的商业模式

相比于产业金融需要建立大量实体分支机构来覆盖广泛地域，新兴金融科技公司通过数字化平台提供服务，在全球范围内实现了快速扩张。这种无须大规模投入实体渠道的优势使得新兴金融科技公司能够更快地进入市场，并迅速满足用户需求。

4.2.2 采取了更加开放的商业模式

与产业金融相比，新兴金融科技公司更加注重与其他行业合作，形成了跨界合作的生态系统。例如，一些金融科技公司与电商平台、共享经济平台等合作，通过数据共享和互惠互利的模式实现双赢。这种开放性的商业模式使得新兴金融科技公司能够更好地满足用户需求，并为消费者提供更多元化的金融服务。

4.2.3 通过创新的商业模式改变产业金融的运营方式

例如，一些金融科技公司采用区块链等技术手段，实现了无须传统中介机构参与的点对点交易。这种去中心化的商业模式不仅降低了交易成本，也提高了交易效率，并为用户带来更多选择和便利。

虽然新兴金融科技公司拥有灵活和开放的商业模式，形成了许多优势，但产业金融也不会“袖手旁观”。一些产业金融开始积极转型升级自己的商业模式，加大对科技创新的投入，积极引入新技术和数字化手段来提升自身竞争力。此外，产业金融也开始与金融科技合作，共同探索更好的商业模式。

4.3 积极探索创新的应用

新兴金融科技公司通过积极探索和创新，不断推出新的应用，给产业金融带来了一系列竞争力挑战。这些新兴公司以其灵活性、高效性和用户友好的特点，引领着金融行业的变革。

4.3.1 在支付领域展现了强大的竞争力

通过引入移动支付、电子钱包等创新产品和服务，新兴金融科技改变了人们的支付习惯。与产业金融相比，这些公司提供更便捷、快速和安全的支付方式，并且能够满足消费者对个性化支付体验的需求。例如，一些新兴科技公司提供了无须实体银行卡即可完成交易的虚拟信用卡服务，为用户提供了更加灵活多样的支付选择。

4.3.2 在借贷和投资领域发挥着重要作用

通过运用大数据分析、人工智能等前沿技术手段，新兴金融科技公司能够更准确地评估个人信用风险，提供更快捷和个性化的借贷服务。相较于产业金融烦琐的审批流程，新兴科技公司通常能够在短时间内完成借款审批，并将资金迅速划入借款人账户。此外，一些新兴科技公司还通过智能投资工具和自动化投顾服务，为投资者提供更加智能和高效的投资方案。

4.3.3 在金融结算和跨境支付领域展现出了独特的竞争优势

新兴金融科技公司通过区块链技术、智能合约等手段，实现了去中心化的交易结算和低成本的跨境支付。这种创新方式不仅提高了结算效率，减少了交易成本，还增强了交易安全性和透明度。同时，新兴科技公司还积极探索与产业金融合作的模式，通过搭建联盟链或共享平台等形式，在结算和支付领域开展合作。

4.4 新兴金融科技公司面临的挑战

新兴金融科技公司的崛起给产业金融带来了巨大的竞争压力。这些创新型公司通过运用先进的技术和创新的商业模式，改变了金融服务的交付方式，并提供更加便捷、高效和个性化的金融产品和服务。然而，尽管新兴金融科技公司取得了显著的成就，但也面临着一些挑战。

4.4.1 监管合规是新兴金融科技公司面临的主要挑战之一

产业金融受到严格的监管框架和合规要求的约束，而新兴金融科技公司则常常处于监管漏洞之中。由于其快速发展和创新性质，监管机构通常无法及时跟进并制定适应性强、针对性强的规章制度。因此，新兴金融科技公司需要不断努力与监管机构进行沟通和合作，以确保自身业务合规，并建立良好的信任关系。

4.4.2 信息安全问题是新兴金融科技公司必须应对的挑战之一

随着金融科技的发展，个人敏感信息的泄露和黑客攻击等安全问题日益突出。新兴金融科技公司必须投入大量资源来建立安全的技术架构和流程，并加强对信息安全风险的识别和防范能力。此外，与产业金融相比，新兴金融科技公司在信息安全方面缺乏经验和专业知识，因此需要加强内部培训，并积极寻求合作伙伴的支持。

4.4.3 市场竞争是新兴金融科技公司所面临的又一个挑战

随着越来越多的新兴金融科技公司进入市场，竞争变得异常激烈。这些公司通常具有更高效、更灵活的业务模式，能够更好地满足消费者需求。为了保持竞争力，新兴金融科技公司需要不断创新并提供卓越的用户体验。同时，还需要建立稳定可靠的合作伙伴关系，并加强品牌宣传和市场推广。

4.4.4 资金压力是新兴金融科技公司面临的一大挑战

尽管这些公司通常能够吸引到风险投资和私募股权等外部资金，但运营成本较高且盈利周期较长，导致其在初期阶段可能面临资金不足的问题。因此，新兴金融科技公司需要制定合理的财务规划和策略，并积极寻求多元化的融资渠道。

五、互联网平台模式对产业金融带来的机遇与挑战

互联网的快速发展和互联网平台模式的兴起，给产业金融带来了深刻的冲击和变革。下面探讨互联网平台模式给产业金融带来的机遇与挑战。

5.1 机遇

5.1.1 提供更广阔的市场

互联网平台打破了地域限制，使得传统产业能够通过网络拓展更广阔的市场。传统企业可以利用互联网平台吸引更多潜在客户，扩大销售渠道和服务覆盖范围。

5.1.2 降低交易成本

产业金融通常需要通过银行等中介机构进行资金流转和交易结算，费

用较高且流程烦琐。而互联网平台提供了便捷高效的在线支付和结算方式，降低了交易成本，提高了交易效率。

5.1.3 数据驱动决策

互联网平台积累了大量用户数据，并通过数据分析技术将这些数据转化为有价值的信息。产业金融可以利用这些数据来进行精准的市场定位、产品设计和风险评估，从而提高决策的准确性和效率。

5.1.4 创新金融服务

互联网平台模式催生了一系列新型金融服务，如众筹、供应链金融等。这些创新金融服务通过互联网平台连接了传统产业与投资者、借款人等各方，为传统产业提供了更多融资渠道和灵活的金融解决方案。

5.2 挑战

5.2.1 安全风险

互联网平台模式的发展带来了安全风险。在线支付和交易的普及使得网络诈骗和个人信息泄露等问题日益突出，对产业金融的信任产生了一定影响。因此，产业金融需要加强网络安全建设，保障用户信息和交易安全。

5.2.2 竞争压力

随着互联网平台模式的普及，越来越多的企业进入相同领域进行竞争。产业金融面临着来自互联网平台上其他企业的竞争压力，需要不断提升自身服务和产品的竞争力，以保持市场地位。

5.2.3 产业金融的转型

互联网平台模式的崛起对产业金融提出了新的要求。产业金融需要适应互联网时代的变革，促进技术创新和数字化转型，提升服务水平和用户体验，以应对互联网平台模式带来的竞争挑战。

5.2.4 监管政策调整

互联网平台模式的发展引起了监管政策的调整。为了保护投资者和用户权益，监管部门加强了对互联网金融业务的监管，并出台了一系列相关政策。产业金融需要积极响应监管政策调整，合规经营，并与监管部门密切合作。

总结起来，互联网平台模式给产业金融带来了机遇与挑战。产业金融可以借助互联网平台拓展市场、降低交易成本、利用数据驱动决策和创新金融服务等方面获取更多机会。然而，在面对安全风险、竞争压力、转型需求和监管政策调整时，产业金融也需要做好准备并及时应对。

六、新兴技术驱动下的金融创新机遇

6.1 区块链技术在金融领域引起了广泛关注

6.1.1 为金融交易提供了更高效的解决方案

传统金融交易往往需要通过中介机构进行验证和结算，这不仅耗时耗力，还存在着一定的风险。而区块链技术可以实现点对点直接交易，无须中介机构参与。通过智能合约等技术手段，交易可以自动执行和验证，大大提高了交易效率。

6.1.2 增强金融系统的透明度和可信度

由于区块链上的数据是公开且不可篡改的，所有参与者都可以查看和验证交易记录。这样一来，金融活动将变得更加透明，并且减少了信息不对称带来的风险。此外，由于数据不可篡改，区块链可以有效防止欺诈行为和数据篡改。

6.1.3 为金融领域的合规性和监管提供了新的解决方案

传统金融系统中，合规性和监管往往需要依赖烦琐的手续和复杂的审核过程。而区块链技术可以将各种交易记录都存储在分布式账本上，并通过智能合约进行自动验证和执行。这样一来，监管机构可以实时监控金融活动，并对违规行为做出及时处理。

6.1.4 为金融创新带来了更多可能性

通过区块链技术，可以实现资产数字化、去中介化的金融服务，如去中心化交易所、智能投资顾问等。此外，区块链与其他新兴技术结合也可以产生更多创新应用，如与物联网结合实现可信物流跟踪、与人工智能结合实现智能合约等。

综上所述，在新兴技术驱动下，区块链技术为金融领域带来了诸多机遇。它不仅提高了交易效率和安全性，增强了透明度和可信度，还为合规性和监管提供了新的解决方案。同时，区块链技术也为金融创新提供了更多可能性。未来，随着区块链技术的不断发展和应用推广，其在金融领域的作用将会更加显著。

6.2 人工智能技术在金融领域应用的机遇

人工智能技术作为一种具有自主学习和智能决策能力的技术，在金融领域的应用日益广泛。它通过数据分析、模式识别和预测等功能，为金融行业带来了许多机遇。

6.2.1 人工智能技术在风险管理方面发挥着重要作用

传统的风险管理方法往往依赖于历史数据和经验判断，存在一定的局限性。而人工智能可以通过大数据分析和机器学习算法，准确地识别和评估风险，并提供个性化的风险管理方案。这使得金融机构能够更好地控制风险并做出科学决策。

6.2.2 人工智能技术改善了客户服务体验

传统金融服务通常需要客户填写烦琐的表格和进行复杂的审核流程，消耗了大量时间和精力。而人工智能可以通过自然语言处理和图像识别等技术，实现智能客服和自动化服务。客户可以通过语音助手或在线聊天机器人获得快速、便捷的服务，提升了客户体验。

6.2.3 人工智能技术促进了金融创新

通过人工智能技术，金融机构可以开发出更加智能化的产品和服务。例如，基于机器学习算法的智能投资顾问可以根据客户风险偏好和市场情况提供个性化的投资建议；基于自然语言处理技术的智能合约可以实现更加高效、准确的合同执行等。这些创新不仅提升了金融行业的竞争力，也为客户带来了更多选择。

6.2.4 人工智能技术推动了金融领域数据驱动决策的发展

随着数据量不断增加，传统方法已经无法满足对数据分析和利用的需求。而人工智能技术可以从海量数据中挖掘出有价值的信息，并辅助决策。通过机器学习和深度学习等技术，可以预测市场趋势、优化投资组合等，提高决策的准确性和效率。

综上所述，人工智能技术在金融领域应用带来了诸多机遇。它在风险管理、客户服务、金融创新和数据驱动决策等方面发挥着重要作用。随着人工智能技术的不断进步和应用拓展，其在金融行业的价值将会进一步凸显。

6.3 产业金融面临的竞争压力

随着互联网的快速发展，互联网平台模式给产业金融带来了巨大的挑战与变革。产业金融在面对新兴的互联网平台时，面临着诸多竞争压力。

6.3.1 互联网平台的便利性和高效性给产业金融带来了直接的竞争压力

通过互联网平台，用户可以随时随地进行金融交易和服务，不再受限于传统银行营业时间和地点。相比之下，产业金融需要用户到柜台办理业务，这种不便利性成了用户选择其他方式进行金融活动的主要原因之一。

6.3.2 互联网平台模式提供的创新产品和服务是产业金融面临竞争压力的重要原因之一

通过技术创新和数据分析能力，互联网平台能够推出更加个性化、灵活、低成本的金融产品和服务，满足用户多样化的需求。相比之下，产业金融往往受限于烦琐的审批流程和传统的风控模式，无法快速响应市场变化和满足用户个性化需求。

6.3.3 互联网平台模式在金融领域的透明度和信息对称方面给产业金融带来了竞争压力

互联网平台通过公开透明的交易规则和信息披露，增加了用户对金融产品和服务的信任度。相比之下，产业金融在信息披露、费用透明等方面存在着不足，容易导致用户产生疑虑和不信任感。

6.3.4 互联网平台模式通过降低交易成本、提高服务质量等方式对产业金融造成了竞争压力

互联网平台通常采用先进的技术手段和自动化流程，大大降低了运营成本，并能够提供更快速、高效、便捷的服务体验。而产业金融由于人力

资源和管理体制等因素限制，在这方面往往无法与互联网平台竞争。

综上所述，产业金融面临着来自互联网平台模式的多重竞争压力。为了在激烈的市场竞争中生存和发展，产业金融机构需要积极转型升级，加强技术创新、提升服务质量、优化运营模式等方面的能力，以满足用户多样化的需求并保持竞争优势。

七、产业金融应对互联网平台模式的策略

互联网平台模式的兴起给产业金融机构带来了巨大的挑战与变革。面对互联网平台模式的竞争，产业金融机构需要积极调整策略，以适应新的市场环境和消费者需求。下面探讨产业金融机构应对互联网平台模式的策略，并提出一些建议。

7.1 促进数字化转型

在互联网平台模式的快速发展下，产业金融机构面临着巨大的挑战和机遇。为了适应这一新形势，产业金融机构需要积极采取策略，推动自身实现数字化转型。

7.1.1 产业金融机构应加强技术创新和数字化能力建设

互联网平台模式强调高效、便捷、个性化的服务体验，而这些特点离不开先进的技术支持和数字化能力。因此，产业金融机构需要加大对科技创新的投入，并通过引入人工智能、区块链等前沿技术来提升自身服务水平。

7.1.2 产业金融机构应积极拥抱互联网平台

互联网平台具有庞大的用户基础和强大的数据分析能力，在市场推广、风险控制等方面具有独特优势。产业金融机构可以与互联网平台进行合作，在客户获取、产品创新等方面实现资源共享和优势互补。

7.1.3 产业金融机构应重视用户体验和个性化服务

互联网平台模式注重用户需求的满足和个性化定制，产业金融机构需要加强对客户需求的洞察，提供更加贴近用户需求的产品和服务。通过优化用户体验、提升服务质量，产业金融机构可以在激烈的市场竞争中脱颖而出。

7.1.4 产业金融机构应注重数据安全和隐私保护

互联网平台模式下，大量用户数据被收集和利用，因此产业金融机构需要建立健全数据安全管理体系，并严格遵守相关法律法规，确保用户信息的安全和隐私不受侵犯。

7.1.5 产业金融机构应加强与监管部门的合作与沟通

互联网平台模式下存在一些监管漏洞和风险挑战，为了有效应对这些问题，产业金融机构需要与监管部门保持密切合作，并积极参与制定相关政策和规范。

7.2 建立合作伙伴关系

随着互联网平台模式的兴起，产业金融机构面临着巨大的挑战和机遇。在应对互联网平台模式时，建立合作伙伴关系是产业金融机构的一项重要策略。通过与互联网平台进行合作，产业金融机构可以有效利用互联网平台的资源和技术优势，提升自身竞争力，并实现双方的共赢。

7.2.1 帮助产业金融机构快速拓展用户群体

互联网平台通常具有庞大的用户基础和广泛的用户覆盖面，而产业金融机构往往在这方面存在不足。通过与互联网平台进行合作，产业金融机构可以借助互联网平台的用户流量和品牌影响力，迅速扩大自身的用户群体，并吸引更多潜在客户。

7.2.2 提升产业金融机构的服务能力和创新能力

互联网平台通常具备先进的技术能力和创新思维，在产品设计、风控模型等方面具有独特优势。通过与互联网平台合作，产业金融机构可以借鉴互联网平台的先进技术和创新理念，提升自身的服务能力和创新能力。例如，在产品设计上，产业金融机构可以结合互联网平台的用户画像和大数据分析能力，开发更符合用户需求的金融产品。

7.2.3 降低产业金融机构的运营成本和风险

互联网平台通常拥有高效的运营模式和先进的风控系统，在成本控制和风险管理方面具备优势。通过与互联网平台进行合作，产业金融机构可以共享互联网平台的运营经验和风控技术，降低自身的运营成本，并减少潜在风险。然而，在建立合作伙伴关系时，产业金融机构需要注意以下几点。首先，选择合适的合作伙伴是成功建立合作关系的关键。产业金融机构应该根据自身业务需求和发展战略来选择与之合作的互联网平台，并确保双方的合作目标和利益相一致。其次，建立合作伙伴关系需要建立稳定的沟通渠道和良好的合作机制，以确保双方能够有效地进行协作和沟通。最后，产业金融机构应该注重知识产权保护和风险防范，避免因合作而导致的潜在风险。

7.3 加强客户体验

在互联网平台模式的冲击下，产业金融机构面临着巨大的竞争压力。为了应对这一挑战，产业金融机构需要积极采取策略来加强客户体验，提高客户满意度，并增强客户黏性。

7.3.1 优化产品和服务设计

产业金融机构应该从客户需求出发，重新审视和优化自身的产品和服务设计。通过深入了解客户的需求和偏好，及时调整产品和服务的功能、形式和交付方式，以提供更贴合客户需求的解决方案。例如，可以引入更便捷快速的线上申请流程、个性化定制服务、多元化投资产品等，以提高客户使用金融产品和服务的便利性与舒适度。

7.3.2 建立全渠道接触点

为了更好地满足不同类型客户的需求，在互联网平台模式下，产业金融机构需要建立全渠道接触点。除了传统的实体网点外，还应考虑开设线上平台、移动端 App 等多种接触点。通过跨渠道整合和数据共享，实现线上线下一体化运营，并提供一致的产品、服务和体验，使客户可以随时随地便捷地获取金融服务。

7.3.3 加强数据分析与个性化推荐

产业金融机构应充分利用大数据技术，对客户行为和偏好进行深入分析。通过精准的数据分析，可以更好地了解客户需求，提供个性化的产品和服务。同时，利用数据分析还可以实现精准营销和定向推荐，提高客户满意度和忠诚度。例如，根据客户的消费习惯和风险偏好，为其推荐适合的投资产品或信贷方案。

7.3.4 加强社交媒体运营

在互联网平台模式下，社交媒体成为产业金融机构吸引客户和建立品牌形象的重要渠道之一。产业金融机构可以通过建立微信公众号、微博账号等社交媒体平台，在线上与客户进行互动和沟通。通过发布有价值的内容、回答用户问题、开展线上活动等方式，增强与客户之间的关系，并提高品牌认知度和美誉度。

7.3.5 提供全天候在线支持

在互联网时代，客户期望能够随时获得金融机构的支持和帮助。因此，产业金融机构应该提供全天候在线支持服务。通过设立在线客服团队，为客户提供快速响应和解决问题的渠道，增加客户满意度并提升客户体验。

7.4 创新产品与服务

在互联网平台模式的冲击下，产业金融机构面临着巨大的挑战和机遇。为了应对这一变革，产业金融机构需要不断创新它们的产品与服务，以满足客户的需求并保持竞争力。

7.4.1 引入新型产品

随着科技的发展和用户需求的多样化，金融市场上涌现出许多新型产品，如移动支付、虚拟货币等。产业金融机构可以借鉴这些创新产品，并结合自身资源和优势进行改进和推出。例如，银行可以开发更加便捷、安全的移动支付应用，并提供更灵活的贷款方式以满足个人和企业的资金需求。

7.4.2 提供增值服务

除了基本的金融服务，客户对于更多附加价值的需求也在不断增长。

产业金融机构可以针对不同客户群体推出定制化的增值服务，如投资咨询、理财规划等。同时，利用大数据分析技术，产业金融机构可以更好地理解客户需求，提供个性化的金融服务。

7.4.3 与互联网平台合作

互联网平台具有强大的用户基础和技术实力，在金融领域也有着广阔的发展空间。产业金融机构可以与互联网平台合作，共同推出创新产品和服务。例如，银行可以与电商平台合作开展消费信贷业务，为用户提供便捷的购物分期付款服务。

7.4.4 不断提升自身的创新能力

创新能力的提升包括加强内部研发团队建设、引入外部创新资源、培养员工的创新意识等方面。只有不断地进行技术创新和业务模式创新，产业金融机构才能在互联网时代中立于不败之地。

综上所述，产业金融机构应对互联网平台模式的策略之一就是通过创新产品与服务来满足客户需求并保持竞争力。只有不断改进自身产品与服务，并与互联网平台合作进行创新，才能在激烈的市场竞争中立于不败之地。同时，产业金融机构还需要加强内部创新能力的培养，以适应互联网时代的发展要求。

7.5 提升风险管理能力

在互联网平台模式的兴起下，产业金融机构面临着新的挑战和机遇。其中，风险管理成了产业金融机构需要重点关注和提升的方面。

7.5.1 深入了解互联网平台模式带来的风险

随着互联网平台模式的崛起，金融活动在网络空间中得以扩展和延伸。然而，与传统金融业务相比，互联网平台模式存在着更多的潜在风险。这些风险包括但不限于信息泄露、交易失信、资金安全等。为了有效应对这些风险，产业金融机构首先需要深入了解并认识到这些潜在威胁。

7.5.2 强化内部控制体系

针对互联网平台模式所带来的新型风险，产业金融机构应加强内部控制体系建设。通过建立完善的内部审计、监管和合规机制，及时发现和防范风险的发生。此外，金融机构还应加强对员工的教育培训，增强员工的风险意识和防范能力。

7.5.3 创新技术应用于风险管理

产业金融机构可以借鉴互联网平台模式中的创新技术，并将其应用于风险管理领域。例如，人工智能、大数据分析等技术可以帮助产业金融机构更好地识别、评估和监测风险。通过引入这些先进技术，产业金融机构可以提升风险管理的准确性和效率。

7.5.4 加强合作与监管

在互联网平台模式下，产业金融机构需要加强与相关合作方的沟通与合作。与第三方支付机构、网络借贷平台等建立良好的合作关系，并共同制定规范和标准，共同推进风险管理能力的提升。同时，政府监管部门应加强对互联网金融行业的监管力度，制定相应的法律法规以规范市场秩序。

7.5.5 加强用户教育与保护

在互联网平台模式下，保障用户的信息和资金安全成为一项重要任务。产业金融机构应加强对用户的教育与保护，增强用户的风险意识，并通过技术手段加强用户信息和资金的保护。此外，产业金融机构还可以通过引入第三方评估机构来对互联网平台进行信用评估，帮助用户选择可靠的平台。

总之，产业金融机构应积极应对互联网平台模式的挑战，通过加强数字化转型、建立合作伙伴关系、提升客户体验、创新产品与服务以及提升风险管理能力等策略来适应新的市场环境，并取得竞争优势。

八、本章小结

互联网平台模式的兴起对产业金融产生了深远的冲击和变革。本章对这种冲击和变革进行了总结，以便更好地理解互联网平台模式给产业金融带来的影响。

首先，互联网平台模式的出现使得产业金融面临着巨大的竞争压力。产业金融机构在过去长期垄断市场的情况下，往往存在着服务效率低下、信息不对称等问题，而互联网平台通过打破传统行业壁垒、降低交易成本、提高服务效率等手段，迅速崛起并吸引了大量用户。这使得产业金融机构不得不重新审视自身的经营模式和服务方式，并采取相应措施来提升自身竞争力。

其次，互联网平台模式为产业金融带来了新的发展机遇。随着互联网技术的普及和应用，许多传统行业开始转型升级，并与互联网平台进行合作，从而推动了产业金融的创新和发展。例如，通过与电商平台合作，传统实体店铺可以借助互联网的力量扩大销售渠道，提升品牌知名度；通过与共享经济平台合作，传统租赁行业可以更好地利用闲置资源，增加收入等。互联网平台模式为产业金融带来了更多的市场机会和发展空间。

最后，互联网平台模式对产业金融的变革也涉及风险管理和监管方面。随着互联网平台的快速发展，伴随而来的是一系列新型风险和挑战。例如，在互联网金融领域，虚拟货币交易等新兴业务形式给监管部门带来了前所未有的挑战。因此，为了保护投资者权益和维护市场秩序，相关监管部门加强了对互联网平台模式下产业金融的监管，并制定了相应政策措施以规范市场行为。

综上所述，互联网平台模式对产业金融的冲击和变革是显而易见的。产业金融机构需要积极应对，通过提升服务质量、加强创新能力等手段来迎接这一挑战。同时，监管部门也需要紧跟时代发展的步伐，加大监管力度，推动互联网平台模式与产业金融的有序发展。只有这样，产业金融才能在互联网时代实现持续发展和繁荣。

09 第9章 创新与变革对风险管理和监管体系的挑战

传统的金融思维是将金融活动与实体经济相分离，将风险管理放在首位，以短期收益为导向。这种思维模式下，风险管理和监管体系以利润最大化的风险控制为指导，在提供资金支持时往往侧重于规避风险而不是对实体经济发展的支持。

产业金融创新与变革基本框架是强调回归实体思维，并从长远发展角度出发将金融资源与实体经济紧密结合起来。它不仅仅关注企业短期利益，更注重促进整个产业链上下游企业的协同发展。在实体思维中，金融机构不再只提供资金，而是通过深入了解产业链上各个环节的特点和需求，提供定制化的金融产品和服务，这种思维模式对风险管理和监管体系提出更大的挑战。

一、风险管理和监管体系概述

1.1 风险管理的定义与重要性

在产业金融创新与变革的背景下，风险管理成了一个至关重要的议题。本部分探讨风险管理的定义、重要性以及其对产业金融创新和监管体系建设所带来的挑战。

1.1.1 风险管理的定义

风险管理是指通过识别、评估和应对潜在或实际风险，以达到组织目标并最大限度地减少负面影响的过程。它涉及预测未来可能发生的不确定事件，并制定相应策略来减轻其对组织造成的损失。

1.1.2 风险管理的重要性

（1）保护资产和利益。风险管理有助于识别潜在威胁和机会，从而采取措施保护组织资产和利益。通过建立有效的风险管理框架，组织可以更好地应对市场波动、经济衰退、竞争压力等因素带来的风险。

（2）提高决策质量。有效的风险管理可以为决策者提供更全面、准确的信息基础。通过对潜在风险进行评估和量化，决策者能够更好地理解不同选择所带来的风险和回报，从而做出更明智的决策。

（3）提高组织竞争力。良好的风险管理可以增强组织的稳定性和可持续发展能力。通过及时应对风险，组织能够提前预测和适应市场变化，保持竞争优势。

(4) 符合监管要求。随着金融市场监管日益加强，风险管理已成为组织必须遵守的法规要求。通过建立有效的风险管理体系，组织能够满足监管机构对风险披露、资本充足性等方面的要求，并减少可能面临的罚款或法律诉讼风险。

1.1.3 产业金融创新与变革对风险管理和监管体系建设的挑战

(1) 新型金融产品与服务。随着产业金融创新与变革的不断推进，涌现出大量新型金融产品和服务。这些新产品和服务往往具有复杂性、高度关联性以及不确定性，给传统的风险管理带来了挑战。

(2) 技术创新与数据安全。产业金融创新与变革伴随着技术的快速发展，如人工智能、区块链等。这些技术的应用为风险管理提供了更多可能性，但同时也带来了数据安全和隐私保护方面的风险。

(3) 跨界监管和合规要求。产业金融创新涉及多个行业和领域，跨界监管成为一项重要任务。监管机构需要制定相应政策和法规，以适应快速变化的金融市场，并确保金融创新过程中的风险得到有效管理和控制。

(4) 不对称信息与道德风险。在产业金融创新中，存在信息不对称和道德风险问题。一些参与者可能通过操纵信息或违反道德准则获取利益，导致风险管理失效。监管机构需要加大监管力度，防范这些潜在风险。

综上所述，风险管理在产业金融创新与变革中扮演着至关重要的角色。它不仅可以保护组织资产和利益，提高决策质量，还能提升组织竞争力并满足监管要求。然而，产业金融创新也给风险管理带来了一系列挑战，包括新型金融产品与服务、技术创新与数据安全、跨界监管和合规要求以及不对称信息与道德风险等。因此，为了更好地适应变革中的金融市场，需要持续加强风险管理的能力，并建立灵活、有效的监管体系。

1.2 监管体系的作用与职责

监管体系是保障金融市场稳定和风险防控的重要组成部分，对产业金融创新与变革带来的挑战尤为关键。下面重点探讨监管体系在产业金融创新与变革中的作用与职责，以及面临的挑战。

1.2.1 监管体系的核心作用

（1）促进市场健康发展。监管体系通过规范市场行为、维护公平竞争环境，推动产业金融创新与变革向有利于经济增长和社会发展的方向发展。

（2）维护金融稳定。监管体系通过风险识别、评估和防范措施等手段，确保金融系统稳定运行，并减少系统性风险对实体经济造成的影响。

（3）保护投资者权益。监管体系应加强对各类金融产品和服务的审慎监管，确保投资者合法权益受到保护，避免信息不对称和欺诈行为。

1.2.2 监管体系的职责

（1）制定监管规则和标准。监管体系应制定相关法律法规、规章制度和行业标准，明确产业金融创新与变革的边界和底线，以保证金融市场的秩序和稳定。

（2）监督检查与执法。监管机构应加强对产业金融创新与变革活动的监督检查，及时发现并处理违法违规行为，维护市场秩序和投资者权益。

（3）风险评估与管理。监管体系需要建立风险识别、评估和管理机制，及时发现并应对产业金融创新与变革可能带来的潜在风险，采取相应措施进行风险防控。

（4）信息披露与公开透明。监管体系应推动金融机构和企业提高信息披露透明度，加强对产业金融创新与变革项目的信息披露要求，以提高市场参与者对风险的认知能力。

1.2.3 面临的挑战

(1) 创新速度与监管滞后的矛盾。随着产业金融创新与变革不断加快，在技术更新换代的背景下，监管体系可能面临创新速度与监管滞后的矛盾，需要加强对新兴业务和技术的监管能力。

(2) 金融创新风险。产业金融创新与变革带来了一系列新的金融产品和服务，其中可能存在着一定的风险，监管体系需要及时识别、评估和管理这些风险。

(3) 跨界监管难题。产业金融创新与变革常涉及多个领域和多个监管机构，跨界监管难度较大，需要建立有效的协调机制和合作机制。

综上所述，产业金融创新与变革对监管体系提出了更高要求。为了适应市场发展需求，监管体系应不断加强自身能力建设，完善相关法律法规和标准，并加强国际合作与经验交流，以共同应对产业金融创新与变革带来的挑战。同时，市场主体也应增强风险意识、遵守规则，在合法合规的前提下推动产业金融创新与变革发展。

二、创新与变革对风险管理的影响

2.1 创新带来的新型风险

随着产业金融创新与变革的不断推进，技术创新成为推动金融业发展的重要驱动力之一。然而，技术创新所带来的信息安全风险也日益凸显。

下面重点探讨技术创新在产业金融中所引发的信息安全挑战，并对监管体系建设提出相关建议。

2.1.1 技术创新与信息安全风险

技术创新如云计算、大数据、人工智能等为产业金融带来了巨大机遇，但同时也增加了信息安全威胁。首先，由于技术的复杂性和迅猛发展，各种新型攻击手段层出不穷，黑客利用漏洞进行网络攻击、数据泄露等事件频频发生。其次，由于传统金融机构在技术方面相对滞后，在引入新技术时可能存在系统漏洞或隐患，容易被恶意利用。最后，个人隐私保护问题也日益受到关注，在数据采集和处理过程中可能涉及个人敏感信息的泄露风险。

2.1.2 信息安全风险对金融业的影响

信息安全风险对金融业的影响不容忽视。首先，一旦发生安全漏洞或数据泄露事件，将直接损害金融机构和客户的利益，导致财务损失和声誉受损。其次，信息安全事件可能破坏金融市场秩序，干扰正常交易和资金流动，甚至引发系统性风险。最后，针对金融领域的网络攻击还可能导致个人隐私被窃取、身份被盗用等问题，给客户带来巨大损失。

2.1.3 监管体系建设与信息安全

面对技术创新带来的信息安全挑战，监管体系建设起到了重要作用。首先，监管部门应加强对金融机构及相关技术供应商的监管力度，并制定相应规范和标准以确保技术创新符合合规要求。其次，在信息共享与协作方面，各方应加强沟通与合作，在共同推进产业金融发展的同时也共同应对信息安全风险。最后，监管部门应建立完善的风险评估机制，及时发现和应对潜在的信息安全风险。

2.1.4 建议与展望

针对技术创新带来的信息安全风险，相关各方应采取一系列措施。首先，金融机构应加强内部安全管理，提升员工安全意识和技能培训，并建立健全的信息安全制度和流程。其次，金融科技企业应注重产品设计与研发过程中的安全性，并与监管部门密切合作，共同推动金融科技行业的健康发展。最后，用户个人也要增强自我保护意识，在使用金融科技产品时注意个人信息保护和网络安全。

综上所述，在产业金融创新与变革中，技术创新带来了信息安全风险。为了有效应对这些挑战，需要加强监管体系建设、加强内部管理以及加强用户个人保护等。只有通过合作共享、整合资源、不断提升技术水平和防范意识，才能更好地实现产业金融的可持续发展。

2.2 商业模式创新带来的市场风险

随着产业金融创新和变革的不断推进，商业模式创新已成为推动经济发展的重要驱动力。然而，商业模式创新也带来了一系列市场风险，对风险管理和监管体系建设提出了新的挑战。

2.2.1 引发市场不确定性

传统的商业模式通常是基于已有的市场规则和经验进行构建，因此具有相对稳定和可预测性。然而，当企业尝试引入全新的商业模式时，往往会面临许多未知因素和风险。例如，在共享经济领域，一些企业采取了无人车辆租赁服务的商业模式，但由于技术限制、法律法规等问题，这种商业模式可能面临车辆安全、用户隐私保护等方面的风险。

2.2.2 导致市场失衡和竞争加剧

在传统产业中，企业之间往往处于相对稳定的竞争状态。然而，在某些情况下，通过商业模式创新引入的新型参与者可能会扰乱原有市场格局，导致市场供求失衡。例如，电子商务的兴起使得传统零售业面临严峻的竞争压力，许多实体店铺面临倒闭风险。

2.2.3 带来信息不对称和欺诈行为的风险

在一些新兴行业中，企业通过采用前沿技术和新型商业模式来获取用户数据和个人信息，并进行个性化推荐等服务。然而，如果企业未能妥善管理和保护用户数据，就存在信息泄露、滥用等方面风险。同时，一些企业也可能利用商业模式创新掩盖其欺诈行为，从而给消费者带来损失。

为了有效应对商业模式创新带来的市场风险，相关监管部门需要加强对新型商业模式的监管和规范。首先，应建立健全的监测机制，及时发现并评估新型商业模式所带来的潜在风险。其次，要制定相应的法律法规以规范企业行为，并加强对违规行为的打击和处罚力度。最后，还需加强与科技公司的合作，共同研究和解决商业模式创新中的风险问题。

总之，商业模式创新带来了市场风险，对风险管理和监管体系建设提出了新的挑战。在产业金融创新和变革的背景下，相关部门应加大监管力度，促进健康有序的商业模式创新发展。只有在有效管理和控制风险的基础上，才能实现产业金融创新与变革的可持续发展。

2.3 变革对传统风险管理方法的挑战

2.3.1 大数据时代下的数据处理与分析问题

在产业金融创新与变革的背景下，大数据已经成为一个重要的资源和工具。然而，随着数据量的不断增加，如何处理和分析这些海量数据成了一个亟待解决的问题。下面重点探讨大数据时代下的数据处理与分析问题，并分析其对风险管理和监管体系建设带来的挑战。

（1）海量数据存储与管理。在大数据时代，海量数据的存储和管理是一个关键问题。传统数据库往往无法胜任如此庞大的数据量，因此需要引入新的技术和方法。例如，分布式文件系统可以将海量数据分散存储在多个节点上，提高了存储能力和可扩展性。同时，云计算技术也能够提供弹性存储资源，满足不断增长的存储需求。

（2）高效的数据处理。随着数据规模不断增加，传统的串行计算方式已经无法满足实时性和效率要求。因此，在大数据时代需要采用并行计算等高效处理方式来加速数据处理过程。例如，通过使用分布式计算框架（如 Hadoop、Spark 等），可以将任务拆分成多个子任务并在多个计算节点上并行执行，从而提高数据处理的速度和效率。

（3）数据质量与可信度。大数据时代面临的一个重要挑战是如何确保数据的质量和可信度。由于数据源广泛、多样化，其中可能包含了一些错误、噪声或偏差。因此，在进行数据处理和分析之前，需要对数据进行清洗、去重和校验等操作，以确保数据的准确性和完整性。同时，还需要建立起相应的数据治理机制，包括数据标准化、元数据管理等措施，提高数据质量和可信度。

（4）隐私保护与安全性。大数据时代涉及的海量个人信息给隐私保护带来了新的挑战。在进行大规模数据处理和分析时，必须合法合规地收集和使用个人信息，并采取相应措施保护个人隐私不被滥用。此外，为了防止恶意攻击和非法访问，还需要加强对大数据平台的安全性管理，并建立起健全的安全机制。

（5）智能化分析与决策支持。利用大数据进行深入分析可以揭示隐藏在海量数据背后的规律和关联性，并为决策提供科学依据。在大数据时代，智能化的数据分析和决策支持成为一项重要任务。通过引入人工智能和机器学习等技术，可以构建起更加高效精准的模型和算法，实现对数据的自动挖掘和智能分析，从而提高风险管理和监管体系的预测能力和决策水平。

综上所述，在产业金融创新与变革中，大数据时代下的数据处理与分析问题对于风险管理和监管体系建设带来了诸多挑战。通过解决海量数据存储与管理、高效的数据处理、数据质量与可信度、隐私保护与安全性以及智能化分析与决策支持等问题，我们可以更好地应对这些挑战，并为产业金融创新提供有力支撑。

2. 3. 2 新兴技术应用对传统监管制度的冲击

随着产业金融创新与变革的不断推进，新兴技术的应用对传统监管制度造成了前所未有的冲击。下面重点探讨新兴技术在风险管理和监管体系建设中所带来的挑战。

（1）区块链技术对传统监管制度的冲击。区块链作为一种分布式账本技术，具有去中心化、防篡改等特点，在金融领域得到广泛应用。然而，区块链技术的出现给传统监管机构带来了挑战。首先，由于区块链上的交易信息无法被篡改，传统监管机构很难进行数据审计和核查。其次，由于区块链上的交易可以实现匿名性，监管机构可能无法准确追溯资金流动和进行反洗钱等工作。因此，传统监管机构需要与新兴科技企业合作，寻求更加智能化和适应性更强的监管解决方案。

（2）人工智能技术对传统监管制度的冲击。人工智能在风险管理和监管体系建设中的应用也带来了一系列挑战。首先，人工智能技术可以通过大数据分析和机器学习等手段，实现对金融市场的智能预测和风险评估。然而，这也意味着传统监管机构需要具备相应的技术能力，以便更好地理解和管理新兴金融产品和业务模式。其次，人工智能在自动化决策方面具有优势，但也可能导致监管的不确定性增加。因此，传统监管机构需要积极跟进人工智能技术的发展，并制定相应的监管政策。

（3）大数据技术对传统监管制度的冲击。随着互联网的快速发展，海量数据成为风险管理和监管体系建设中不可或缺的资源。大数据技术可以通过对庞大数据集合进行分析，挖掘出隐藏在其中的规律和趋势。然而，在使用大数据技术时也存在一些问题。首先，隐私保护问题成为关注焦点，传统监管机构需要在利用大数据时确保用户隐私得到有效保护。其次，在处理大数据时可能出现偏差和错误，传统监管机构需要具备相应的技术能力和专业知识，以便更好地利用大数据进行风险管理和监管。

综上所述，新兴技术的应用给传统监管制度带来了一系列挑战。为了适应产业金融创新与变革的发展趋势，传统监管机构需要积极探索与新兴科技企业合作的方式，加强技术能力建设，并制定相应的监管政策。只有通过不断创新和改革，才能确保风险管理和监管体系建设与时俱进、有效运行。

三、创新与变革对监管体系建设的影响

3.1 变革对监管体系的调整与重构

随着产业金融创新和变革的不断推进，监管体系也面临着必要的调整和重构。传统的监管模式已经难以适应快速发展和复杂多变的产业金融市场。过去，监管机构主要采用事后审查和单一指标评估等方式进行监管，但这种方式已经无法满足当前市场需求。因此，在监管模式方面需要进行创新和改革。一种可能的创新是引入前瞻性监管机制。这意味着监管机构需要提前预测市场风险，并采取相应措施进行干预和管理。通过建立风险预警系统、加强数据分析能力以及提升信息共享机制，监管机构可以更好地把握市场动态，并及时采取措施应对潜在风险。另外，监管模式可以通过引入科技手段进行创新。例如，利用人工智能、大数据分析等技术，可

以实现对大规模数据的快速处理和分析，从而更准确地评估市场风险和监测金融活动。此外，区块链技术的应用也可以提高监管的可追溯性和透明度，有助于防范欺诈行为和非法交易。

3.2 监管政策的灵活性和适应性要求

随着产业金融创新与变革的加速发展，监管政策也需要具备更高的灵活性和适应性，以应对不断变化的市场环境和新兴风险。

首先，监管政策需要更加注重风险管理和预防。传统监管主要关注事后处理和处罚，而在产业金融领域，及时识别、评估和控制风险至关重要。因此，监管政策应该强调事前预防，并建立相应的风险管理机制。这包括完善公司治理结构、加强内部控制体系建设、推动企业自律等方面。

其次，监管政策需要注重平衡创新与风险之间的关系。产业金融创新带来了巨大机遇，但同时也伴随着一定程度上的风险。因此，在制定监管政策时，需要权衡创新发展和风险防控的关系，避免过度限制创新活动，同时确保市场秩序和金融稳定。

最后，监管政策应具备灵活性和适应性。随着产业金融市场的不断演变和创新，监管政策需要及时调整和更新，以适应新形势下的监管需求。这包括对监管指标和标准的灵活调整、对新型金融产品和业务进行审慎评估等方面。

总之，在产业金融创新与变革背景下，监管体系需要不断进行调整与重构。监管模式的创新与改革可以提高监管效能，并更好地应对市场风险；而灵活性和适应性要求则是为了保持监管政策的有效性和实用性。通过这些努力，我们将能够建立一个更加健全和稳定的产业金融风险管理与监管体系。

四、面临的挑战与解决方案

4.1 法律法规与监管制度的完善

产业金融创新和变革给风险管理和监管体系建设带来了一系列挑战。首先，传统的法律法规和监管制度无法完全适应快速发展的产业金融创新。新型金融业务模式的出现使得传统的监管方式显得有些滞后，无法有效地应对新型风险和问题。因此，需要加强对产业金融创新活动的监管，及时跟进市场变化，保障金融市场稳定。为了解决这个问题要做到以下几点。

首先，要加强立法工作，制定更加完善的法律法规体系。要根据产业金融创新的特点和需求，针对性地修改现有法律条文或者制定新的法律条文。

其次，要建立健全相应的监管机构，并提升其专业能力和技术水平。通过完善监管手段和方法，确保风险管理和监管工作能够跟上产业金融创新的步伐。

最后，在完善法律法规与监管制度时也要注重创新与包容。产业金融创新是推动经济发展的重要驱动力，因此，在制定法律法规和监管制度时要充分考虑支持创新和鼓励企业发展的因素，同时也要保护投资者的利益和金融市场的稳定。这需要在立法过程中加强各方利益相关者的沟通和协商，形成共识。

4.2 人才培养与技术支持

产业金融创新和变革对风险管理和监管体系建设提出了更高的人才需求和技术要求。传统金融领域所需的监管人员需要具备专业知识和经验，但对于产业金融创新来说，还需要具备行业背景、科技理解能力以及数据分析能力等多方面的素质。为了解决这个问题要做到以下两点。

首先，需要加强人才培养工作。应该注重培养既懂得金融知识又熟悉相关行业背景的专业人才。可以通过加强高校教育、开展培训项目等方式提供针对性的培训，以满足产业金融创新对人才的需求。

其次，技术支持也是解决人才问题的重要手段。随着科技的发展，人工智能、大数据分析等技术已经在金融领域得到广泛应用。通过引入先进的技术手段，可以提高监管部门的效率和准确性，更好地发现和应对风险。

4.3 国际合作与信息共享

产业金融创新和变革是全球性的趋势，各国之间需要加强合作与交流，共同应对挑战。在风险管理和监管体系建设方面，国际合作和信息共享非常重要。

首先，在法律法规制定和监管制度建设方面可以借鉴其他国家的经验和做法。不同国家在产业金融创新方面有着不同的经验和教训，通过学习借鉴可以更好地完善自己的监管体系。

其次，在信息共享方面需要加强合作。产业金融创新涉及多个行业和领域，相关信息需要从各个渠道收集整理并及时传递给相关部门。可以建立信息共享机制，通过分享信息资源来提高风险管理和监管的能力。

最后，可以加强国际合作机构的角色。国际组织和机构可以发挥桥梁纽带的作用，促进各国之间的合作与交流，共同应对产业金融创新带来的挑战。

总之，面对产业金融创新和变革带来的挑战，我们需要加强法律法规与监管制度的完善，注重人才培养与技术支持，并加强国际合作与信息共享。只有通过这些努力，我们才能更好地应对风险管理和监管体系建设中所面临的挑战，并推动产业金融创新持续健康发展。

五、本章小结

随着产业金融创新与变革的不断推进，风险管理和监管体系也面临着新的挑战。为了更好地适应变化的环境，并保护金融系统的稳定性，我们需要采取一系列改进和发展措施。

首先，建立健全的风险评估体系是至关重要的。当前，由于产业金融创新带来的新型风险形态多样且复杂，传统的风险评估模型已经显得有些滞后。因此，我们需要加强对新兴风险类型的研究和监测，并开发相应的量化评估工具。同时，还需要建立跨部门合作机制，共享数据和信息资源，以便更准确地识别、评估和管理风险。

其次，加强对产业金融创新活动的监管力度。传统金融监管主要关注传统金融机构及其产品和服务，在面对产业金融创新时存在一定的盲区。因此，监管部门应该加大对非银行金融机构、科技企业等参与产业金融创新的监管力度，建立相关监管规则和制度，以确保金融市场的公平、公正和透明。

再次，加强国际合作也是必要的。产业金融创新已经成为全球范围内的趋势，各国之间应该加强交流与合作，分享经验和最佳实践。在风险管理和监管方面，可以借鉴其他国家的先进做法，并与其共同解决全球性问题。通过建立跨国合作机制，可以更好地应对产业金融创新带来的挑战，并提高整个金融体系的稳定性和抗风险能力。

最后，加强教育培训和宣传引导工作。随着产业金融创新与变革的不断推进，风险管理和监管人员需要不断提升自身专业能力，并及时了解行业动态和最新技术发展。同时，也需要向广大投资者、企业家等普通市民进行相关知识宣传和引导工作，增强他们对产业金融创新风险的认识和防范意识。

综上所述，在产业金融创新与变革的背景下，风险管理和监管体系需要不断改进和发展。建立健全的风险评估体系、加强对产业金融创新活动的监管、加强国际合作以及加强教育培训和宣传引导工作，这些都是未来改进和发展的重点。通过这些努力，我们将能够更好地应对产业金融创新带来的挑战，实现金融体系的稳定和可持续发展。

10

第 10 章

产业金融创新与变革的国外实践

在全球范围内，许多国家和地区都在积极探索产业金融创新与变革，以推动经济发展和促进产业升级。本章重点介绍一些国外实践案例，探讨其在产业金融领域中的创新和变革。

一、美国的风险投资模式

在产业金融创新与变革中，风险投资是一种重要的金融模式，其在美国得到了广泛应用并取得了巨大成功。美国作为全球最大的风险投资市场之一，其风险投资模式对于产业金融的创新起到了重要推动作用。美国风险投资机构通过提供风险资本、技术支持和市场拓展等资源，帮助初创企业快速成长，并促进了科技创新和产业升级。同时，美国政府也采取了一系列措施来支持风险投资行业的发展，如税收优惠政策、知识产权保护等。

1.1 风险投资模式概述

风险投资是指投资者将资金投入高风险、高回报的初创企业或创新项目中，并通过提供财务支持、战略指导和资源整合等方式帮助企业成长。相较于传统融资方式，风险投资更关注于创新能力和潜力，承担着更高的风险。

1.2 美国风险投资生态系统

1.2.1 风险投资基金

美国有众多专门从事风险投资的基金机构，如硅谷的顶级风险投资公司 Andreessen Horowitz、Sequoia Capital 等。这些基金机构汇聚了大量优秀的管理团队和丰富的行业经验，在初创企业融资阶段起到了重要作用。

1.2.2 初创企业孵化器

美国有许多知名的初创企业孵化器，如 Y Combinator、500 Startups 等。

这些孵化器提供创业者所需的办公空间、导师指导和资金支持，帮助初创企业快速成长，并与风险投资基金建立联系。

1.2.3 创新生态系统

美国拥有完善的创新生态系统，包括优秀的科研机构、高校和技术园区等。这些资源为创新项目提供了充足的人才和技术支持，吸引了大量的风险投资。

1.3 美国风险投资模式的特点

1.3.1 长期投资

相较于其他地区，美国的风险投资更注重长期价值。投资者愿意耐心等待公司成长，并在公司上市或被收购时获得回报。

1.3.2 多元化投资组合

美国风险投资者通常会分散投资风险，组建多元化的投资组合。他们会同时支持多个行业和项目，以实现更好的回报。

1.3.3 专业化管理团队

顶级风险投资公司在管理团队方面非常重视专业性和经验。它们聘请一流的投资专家和行业顾问，提供战略指导和资源整合，帮助初创企业实现快速成长。

1.4 美国风险投资对创新和经济发展的影响

1.4.1 推动科技创新

美国风险投资在高科技领域具有重要作用，为众多科技创新项目提供了资金支持和行业连接，推动了科技进步。

1.4.2 增加就业机会

风险投资所支持的初创企业通常在快速成长阶段需要大量人才。这些企业的发展为社会创造了大量就业机会，促进了经济增长。

1.4.3 带动相关产业发展

风险投资不仅仅关注于初创企业本身，还会带动相关产业的发展。例如，在硅谷的风险投资生态系统中，涌现出了众多与高科技产业相关的供应商、服务商等。

综上所述，美国的风险投资模式以其特点和优势在产业金融领域取得了显著成就。通过长期投资、多元化组合和专业化管理团队等方式，美国风险投资推动了科技创新、促进了就业机会和相关产业发展，对经济发展起到了积极的推动作用。

二、德国的中小企业银行模式

德国的中小企业银行模式是产业金融领域的一种创新与变革方式，中小企业银行是德国特有的金融机构，在支持中小型企业发展方面具有独特优势。这些银行通过深入了解中小企业的经营特点和需求，提供量身定制的金融服务，如贷款、风险投资、股权融资等。德国中小企业银行的模式在促进产业创新和转型升级方面取得了显著成效。

2.1 德国中小企业银行的背景

德国作为欧洲最大的经济体之一，其经济活力主要来自众多的中小企业。这些中小企业在创造就业机会、推动创新以及促进出口等方面发挥着重要作用。然而，传统商业银行对于中小型企业的服务往往存在不足。因此，德国政府和金融界开始探索适应中小企业特点的金融服务模式，从而诞生了中小企业银行。

2.2 德国中小企业银行的特点

2.2.1 专注于服务中小型企业

这些银行将大部分资源投入对中小型企业的金融支持上，包括提供贷款、信用咨询、风险管理等服务。

2.2.2 深入了解企业需求

中小企业银行与客户建立长期稳定的合作关系，通过深入了解客户的经营模式、市场环境以及风险状况，为其提供个性化的金融解决方案。

2.2.3 风险共担机制

德国中小企业银行与客户之间存在较高的互信度，一般采用联合融资或股权投资等方式，通过共同承担风险来支持中小企业的发展。

2.3 德国中小企业银行的创新实践

德国的中小企业银行在实践中不断创新，以适应不断变化的市场环境和客户需求。

2.3.1 开展综合金融服务

除了传统贷款和信用服务，德国中小企业银行还积极提供其他增值服务，如财务咨询、项目评估等，帮助企业更好地进行战略规划和决策。

2.3.2 引入科技手段

随着科技的发展，德国中小企业银行开始运用人工智能、大数据分析等技术手段来提高自身服务效率，并为客户提供更精准的金融支持。

2.3.3 加强合作与联盟

德国中小企业银行之间以及与其他金融机构之间积极开展合作，形成联盟网络，共同推动中小企业发展。

2.4 中小企业银行模式的影响与启示

德国的中小企业银行模式在一定程度上解决了传统商业银行对中小企业服务不足的问题，并为其他国家和地区提供了借鉴。其经验对于发展中国家尤其有启示意义。

2.4.1 重视中小型企业

政府和金融机构应高度重视中小型企业的发展，加大金融支持力度，推动经济结构优化升级。

2.4.2 个性化服务

金融机构应通过深入了解客户需求、提供个性化服务来增强客户黏性，并帮助客户实现可持续发展。

2.4.3 创新科技应用

引入先进的科技手段，如人工智能、大数据分析等，提高金融服务效率和质量，满足客户多样化需求。

总结起来，德国的中小企业银行模式是产业金融创新与变革的一个成功案例。通过专注于中小企业服务、深入了解客户需求、共担风险以及不断创新实践，中小企业银行为德国的经济发展作出了重要贡献。同时，这一模式也为其他国家和地区提供了借鉴和启示，促进了当地中小型企业的发展。

三、日本的技术创新基金模式

日本一直以来都致力于推动科技创新和产业发展，为了加强技术创新能力和促进产业升级，日本采取了一系列措施，其中之一就是建立技术创新基金。该基金通过向科研机构、高校和企业提供资金支持，推动技术研发和商业化转化。

3.1 技术创新基金背景介绍

日本作为一个科技强国，深知技术创新对于经济发展的重要性。然而，由于传统的融资渠道存在一定局限性，尤其是对于初创企业来说，融资难成为制约其发展的瓶颈。为解决这一问题并激励更多的科技创新活动，日本决定设立技术创新基金。

3.2 技术创新基金运作方式

3.2.1 设立机构

日本政府在国家层面设立了专门负责管理和运营技术创新基金的机构。

3.2.2 资金来源

技术创新基金主要通过政府拨款、企业捐赠以及投资回报等多种方式获取资金。

3.2.3 投资范围

技术创新基金主要投资于科技创新领域，包括但不限于新材料、人工智能、生物技术等。

3.2.4 项目选择

技术创新基金通过设立专业的评估机构，对申请项目进行评估和筛选，确保投资方向与国家发展战略相符。

3.2.5 投资方式

技术创新基金采取多种投资方式，包括直接投资、风险投资以及股权投资等。

3.3 技术创新基金的成效

3.3.1 促进科技创新

技术创新基金为科技企业提供了更多的融资渠道，激发了科研人员的创新活力，推动了科技成果转化和产业升级。

3.3.2 推动产业发展

通过支持具有前瞻性和战略性的科技项目，技术创新基金推动了相关产业的发展，并带动了就业增长和经济增长。

3.3.3 加强国际竞争力

日本的技术创新基金模式在促进本国科技企业发展的同时，也吸引了国外高科技企业来日本投资和合作，提升了日本在全球科技竞争中的地位。

日本的技术创新基金模式为科技创新提供了有力支持，通过多渠道筹集资金、科学选择投资项目、多元化投资方式等措施，促进了日本科技企业的发展和产业升级。这一模式在其他国家也具有一定借鉴意义，为推动产业金融创新与变革提供了宝贵经验。

四、新加坡的孵化器模式

在产业金融领域，新加坡的孵化器模式在近年来得到了广泛关注和认可。孵化器是一种为初创企业提供资源支持、技术咨询和市场机会的组织形式，旨在帮助创业者实现商业想法并推动创新发展。下面重点介绍新加坡的孵化器模式及其在产业金融中的创新与变革。

4.1 孵化器模式的背景与概述

孵化器模式起源于美国硅谷，在全球范围内得到了广泛应用。作为一个国际金融中心，新加坡积极引入孵化器模式，并通过政府支持和私营合作推动其发展。新加坡的孵化器致力于提供全方位的支持服务，包括场地、基础设施、资金、导师指导等，以满足初创企业在不同阶段的需求。

4.2 新加坡孵化器模式的特点

4.2.1 多元产业覆盖

新加坡的孵化器涉及众多行业领域，如科技创新、生物医药、金融科技等。这种多元化的产业覆盖为创业者提供了更广阔的发展机会，也促进了不同行业之间的交流与合作。

4.2.2 政府支持与政策倾斜

新加坡政府积极出台一系列鼓励创新创业的政策和措施，包括税收减免、资金扶持、知识产权保护等，为孵化器模式在新加坡的发展提供了有力保障。

4.2.3 资源整合与对接

新加坡的孵化器注重资源整合与对接，通过建立创投网络、引入大型企业和风险投资机构等方式，为初创企业提供更丰富的资源支持和商业机会。同时，孵化器还积极推动与高校、研究机构之间的合作，促进科研成果转化和技术创新。

4.2.4 国际化视野

新加坡作为国际金融中心，具备良好的国际交流平台和市场环境。孵化器模式在新加坡注重培养创业者的国际化视野和全球竞争力，为初创企业拓展国际市场提供支持。

4.3 孵化器模式的创新与变革

4.3.1 技术驱动创新

新加坡的孵化器模式注重技术创新和科技驱动发展。通过引入人工智能、区块链、物联网等前沿技术，为初创企业提供更高效的解决方案，并推动产业金融领域的创新与变革。

4.3.2 创业生态系统建设

孵化器模式在新加坡积极推动创业生态系统的建设，包括建立投资基金、组织创业大赛、举办创业活动等。这些举措有助于培养更多优秀的创业者和项目，并加速初创企业的成长。

4.3.3 跨界合作与资源共享

新加坡的孵化器模式鼓励不同行业之间的跨界合作和资源共享。通过搭建平台和促进交流，不同领域的专家和企业可以互相借鉴经验、共享资源，形成协同效应，提升整体产业水平。

新加坡的孵化器模式在产业金融中发挥了重要的作用，为初创企业提供了全方位的支持和机会。其多元化的产业覆盖、政府支持与政策倾斜、资源整合与对接以及国际化视野等特点，使得新加坡的孵化器模式成为一个引领创新发展的典范。未来，随着技术进步和创新需求的不断增长，孵化器模式在新加坡将继续推动产业金融创新与变革。

五、英国的绿色金融模式

绿色金融是指通过投资和资金流动来支持可持续发展和环境保护的金融活动。在全球范围内，绿色金融已经成为推动可持续发展的重要手段之一。作为绿色金融的领先者，英国在该领域的创新与变革中扮演着重要角色。

5.1 英国绿色金融概述

英国一直致力于推动可持续发展，并将其纳入了政府战略规划。作为一个全球性的金融中心，伦敦在绿色金融方面具有得天独厚的优势。自2012年以来，英国政府就开始积极推动绿色金融发展，并制定了一系列政策措施，包括设立专门机构、出台相关法律法规等。

5.1.1 绿色债券市场

英国是全球最大的绿色债券市场之一。该市场通过发行债券来筹集资金用于支持可持续发展项目，如清洁能源、节能减排等。伦敦证券交易所（LSE）推出了一系列绿色债券指数，为投资者提供了便利。此外，英国政府还设立了专门的绿色债券基金，用于支持低碳经济转型和可再生能源项目。

5.1.2 绿色投资银行

英国于2012年成立了绿色投资银行（Green Investment Bank），该机构致力于促进可持续发展和环保项目的融资。它为可再生能源、节能减排等领域的企业提供贷款和投资，并与私营部门合作推动相关项目的发展。这一举措在一定程度上缓解了传统银行对高风险项目的担忧，促进了绿色金融市场的发展。

5.1.3 绿色保险

英国也在积极推动绿色保险的发展。绿色保险是指针对气候变化和环境风险而设计的保险产品，旨在为受灾地区提供更好的风险管理工具。英国政府鼓励保险公司开发并推广这些产品，并通过税收优惠等方式予以支持。

5.2 企业责任与透明度

英国鼓励企业在环境、社会和治理方面承担更多责任，并要求上市公司披露相关信息。这种透明度有助于投资者了解企业的可持续发展情况，同时也促进了绿色金融市场的发展。

英国在绿色金融领域取得了显著的成就，通过创新和变革推动了绿色金融的发展。其采取的措施包括建立绿色债券市场、设立绿色投资银行、推广绿色保险等，为可持续发展提供了重要支持。未来，英国将继续致力于推动绿色金融创新，并与其他国家合作共同应对全球环境挑战。

六、发达国家产业金融创新与变革的经验启示

在全球范围内，发达国家对于产业金融的创新和变革积累了丰富的经验，这些经验对于其他国家也具有重要的启示作用。下面探讨发达国家在产业金融领域所取得的创新成果，并分析这些经验给其他国家带来的启示。

6.1 发达国家注重金融机构与实体经济之间的深度合作

在发达国家的产业金融创新与变革中，一项关键经验是注重加强金融机构与实体经济之间的深度合作。这种合作模式能够促进资本流动、提升金融服务效率，并推动实体经济的可持续发展。下面将从几个方面介绍这种合作模式的具体做法和效果。

6.1.1 重视建立以企业为导向的金融服务模式

通过建立长期稳定的合作关系，金融机构能够更好地了解企业需求，并提供针对性的金融产品和服务。这种以企业为导向的模式能够有效缩小信息不对称，降低企业获取资金和投资成本，激发企业创新活力。

6.1.2 积极推动银行与产业链各环节主体之间的紧密合作

通过建立联盟或联络机制，银行可以与供应商、生产商、分销商等各

环节主体实现信息共享和资源整合，提高产业链的运行效率。同时，银行可以根据产业链主体的资金需求，提供融资支持和风险管理服务，促进产业链的稳定发展。

6.1.3 注重金融机构与科技企业之间的合作

金融科技的迅速发展为金融机构与实体经济之间的深度合作提供了新的机遇。通过与科技企业合作，金融机构可以借助先进技术手段改善自身服务能力，并为实体经济提供更加便捷、创新的金融服务。例如，利用大数据和人工智能等技术分析企业信用风险、优化贷款审批流程等，在提高效率的同时保证风险可控。

6.1.4 鼓励建立多层次、多元化的金融市场生态系统

通过引入各种类型的金融机构和市场参与者，如私募股权基金、创投机构等，在为实体经济提供多元化融资渠道的同时也丰富了市场竞争格局。这种开放、包容的金融市场生态系统有助于激发金融创新活力，为实体经济提供更加灵活、个性化的金融服务。

综上所述，发达国家在产业金融创新与变革中注重加强金融机构与实体经济之间的深度合作。这种合作模式通过以企业为导向的金融服务、银行与产业链各环节主体的紧密合作、金融机构与科技企业的合作以及多层次、多元化的金融市场生态系统的建立，促进了资本流动和金融服务效率的提升，助推实体经济可持续发展。这些经验启示对于我们加强产业金融创新与变革具有借鉴意义。

6.2 发达国家在推动技术创新和科技转型方面表现出色

发达国家在推动技术创新和科技转型方面表现出色，积极采取了一系列政策和措施，以提升其产业金融创新能力。这些经验对于其他国家在产

业金融领域的发展具有重要的启示作用。

6.2.1 注重建立开放、合作的创新生态系统

发达国家鼓励企业、高校、研究机构之间的紧密合作，并为其提供相应的支持和激励措施。例如，设立专门的科研基金，提供资金支持给那些有前景的科技项目；建立技术转移中心，促进科技成果向产业化转化；还通过减税等方式鼓励企业进行研发投入。这样一来，不仅可以加强各方之间的交流与合作，可以形成一个集聚创新资源的平台，为产业金融创新提供更多可能性。

6.2.2 致力于培养高素质人才队伍

发达国家注重教育体制改革，并加大对科学研究人员和创新人才的培养力度。通过改革教育体系，提供更加灵活多样的学习途径，鼓励学生参与科技创新实践。此外，发达国家还积极引进国际高水平的科研机构和人才，打破地域限制，吸引全球优秀的科学家和创新者加入。这种注重人才培养和引进的做法有助于增强国家在技术创新和科技转型方面的竞争力。

6.2.3 注重构建完善的知识产权保护体系

知识产权是推动技术创新和科技转型的重要保障。发达国家通过立法、监管等手段加强对知识产权的保护，并设立专门机构负责知识产权审查、纠纷解决等工作；还鼓励企业进行专利申请，并提供相应支持和奖励措施。这样一来，不仅可以激励企业进行更多的技术创新，还能促进科技成果转化为实际生产力。

6.2.4 注重金融体系改革与创新

发达国家通过建立完善的金融市场，提供多样化的金融产品和服务，为技术创新和科技转型提供充足的资金支持；此外，还鼓励金融机构与科技企业合作，共同推动科技创新项目的落地。这种金融体系改革和创新有助于加强产业与金融的深度融合，为实现科技创新和产业升级提供了强有

力的支持。

6.2.5 注重建立健全的风险防控机制

发达国家通过完善法律法规、设立风险准备金等手段，有效防范金融风险，并保障金融体系的稳定运行。其他国家可以借鉴这一经验，在发展自己的产业金融体系时，加强风险管理能力，提高整体风险抵御能力。

6.2.6 注重培育专业人才队伍

发达国家通过设立专门的培训机构、提供奖励政策等方式，吸引和培养一批优秀的产业金融人才。这些人才具备深厚的专业知识和丰富的实践经验，为产业金融发展带来了不可替代的推动力量。其他国家可以借鉴这一经验，加大对产业金融人才的培养力度，提升自身的专业水平和竞争力。

综上所述，发达国家在产业金融创新与变革方面积累了丰富的经验，这些经验给其他国家带来了重要的启示。其他国家可以借鉴发达国家注重金融机构与实体经济合作、推动技术创新和科技转型、建立风险防控机制以及培育专业人才等方面的做法，促进本国产业金融发展，提升实体经济的竞争力。

11

第 11 章

产业金融创新与变革回归实体思维的路径及策略

实体经济是国民经济的基础，而金融则是实体经济发展的重要支撑。实体经济和金融之间的关系一直以来都备受关注，随着市场环境的演变，这种关系也在不断发生着变化。

一、实体经济与金融之间的关系演变

1.1 传统模式下的实体经济与金融

在传统模式下，实体经济主要依靠银行等金融机构提供资金支持。银行通过向企业提供贷款、投资等方式，帮助企业满足资金需求，推动实体经济发展。这种模式下，银行作为中介机构起到了连接实体经济和金融市场的桥梁作用。

然而，在过去一段时间内，由于金融创新和市场化改革进程加快，传统模式逐渐出现了问题。一方面，银行放贷存在信息不对称和信用风险等问题；另一方面，部分企业借贷资金用于投机炒作等非实体经济活动，导致金融风险的积聚。这些问题引发了对实体经济与金融关系的思考和调整。

1.2 金融创新与实体经济的协同发展

随着金融创新的不断推进，实体经济和金融之间的关系也开始发生变化。金融创新通过提供更多元化、灵活性强的金融产品和服务，为实体经济提供了更好的支持。

首先，金融创新改变了传统模式下实体经济对银行贷款依赖过高的现象。通过债券市场、股权市场等多种渠道筹集资金，企业可以减少对银行贷款的依赖，并且能够根据自身需求选择更加适合的融资方式。

其次，金融创新促进了资源配置效率和企业竞争力的提升。例如，债券市场可以帮助企业拓宽直接融资渠道，吸引更多长期资本流入实体经济；股权市场则可以促使企业加强治理结构建设，提高运营效率和创新能力。

最后，金融创新为实体经济提供了风险管理工具。例如，衍生品市场的发展使企业可以通过对冲等方式有效管理市场风险，降低经营风险。

1.3 金融与实体经济的互动关系

金融与实体经济之间是一种相互依存、相互促进的关系。实体经济需要金融提供资金支持和服务，而金融则需要实体经济提供投资机会和回报。

首先，实体经济对金融有着直接需求。企业在发展过程中需要资金支持来扩大生产规模、升级技术设备等。同时，企业也需要金融机构提供风险管理工具，保护自身利益免受市场波动的影响。

其次，金融对实体经济的发展起到了重要推动作用。金融机构通过向企业提供贷款、投资等方式，帮助企业筹集资金并推动其发展壮大。此外，金融市场的运作也为企业提供了更多投资机会和资源配置渠道。

1.4 实体经济与金融之间的关系不断发生着变化

随着时代的变迁和市场环境的演变，实体经济与金融之间的关系也在不断发生着变化。金融创新为实体经济提供了更多元化、灵活性更强的金融产品和服务，改变了传统模式下实体经济对银行贷款依赖过高的现象，并促进了资源配置效率和企业竞争力的提升。同时，金融与实体经济之间是一种相互依存、相互促进的关系，实体经济需要金融提供资金支持和服务，而金融则需要实体经济提供投资机会和回报。因此，在产业金融创新与变革中，回归实体思维对于构建良好的实体经济与金融关系具有重要意义。

1.5 实体思维在产业金融中的重要性分析

实体经济与金融之间的关系一直以来都备受关注，随着经济的发展和金融市场的不断演变，实体思维在产业金融中的重要性也逐渐凸显出来。

1.5.1 实体思维的定义及特点

实体思维是指以现实经济主体为基础，注重具体事物的运作、效益和风险等方面进行分析决策的一种思维方式。与之相对应，虚拟经济主要关注资本流动、交易行为等抽象概念。实体思维强调对产业链各环节进行全面考量，并注重长期稳定发展。

1.5.2 实体思维对产业链分析的作用

实体思维注重对产业链各环节进行全面分析，可以帮助识别出生产过程中的瓶颈和潜在风险，并提出相应的解决方案。通过深入了解实体经济的运作规律，可以更好地把握企业的需求和问题，为金融机构提供更精准、有效的服务。

1.5.3 实体思维对风险管理的意义

在产业金融中，风险管理至关重要。实体思维可以帮助金融机构更好地理解企业经营模式和市场环境，并从根本上识别和评估风险。通过与实体经济主体建立紧密合作关系，金融机构能够更准确地预测风险，并采取相应措施加以应对，从而降低风险损失。

1.5.4 实体思维对投资决策的影响

实体思维强调对实体经济的深入了解，可以帮助金融机构更准确地评估企业价值和潜力。在投资决策中，实体思维可以提供更全面的信息和更合理的判断，从而减少投资风险并提高收益。

实体思维在产业金融中具有重要的意义。通过对实体经济的深入了解和分析，金融机构能够更好地支持企业发展、降低风险并提高投资收益。未来，随着经济和金融市场的不断演变，实体思维将扮演越来越重要的角色，并为产业金融注入新的活力。

1.6 实体思维对风险控制的作用

在实体经济与金融关系的演变中，实体思维在风险控制方面起着重要的作用。实体经济是指以实物生产和交易为基础的经济活动，而金融则是指资金流动和货币交易等金融活动。两者之间的关系紧密相连，互为支撑。

1.6.1 实体思维强调风险识别和预防

实体思维注重从实际情况出发，通过深入了解企业内外部环境、市场需求以及行业竞争状况等因素，全面分析可能存在的风险因素，并采取相应的预防措施。在风险控制过程中，实体思维能够帮助企业准确判断潜在风险，并及时采取措施进行干预和管理，避免损失的扩大。

1.6.2 实体思维注重长期稳健发展

与金融机构相比，企业更加注重长期稳健发展而非短期利益追逐。实体思维强调企业运营的可持续性和稳定性，在风险控制中注重规避风险，保障企业的持续发展。实体经济的稳定增长为金融提供了可靠的支撑，同时也减少了金融系统内部风险的积累。

1.6.3 实体思维推动金融创新与服务优化

实体经济对于金融行业提出了更高要求，促使金融机构不断创新和优化服务。实体思维倡导在金融产品设计和交易过程中考虑实际需求、风险偏好等因素，提供更加符合实体经济发展需要的金融工具和服务。同时，通过与金融机构合作，企业可以利用金融工具来规避和分散风险，从而更好地发展壮大。

1.6.4 实体思维强调信用与诚信建设

在风险控制中，实体思维将信用与诚信视为核心要素。企业通过保持良好的信誉和诚信度，能够建立起稳定可靠的商业伙伴关系，并有效减少交易中可能出现的违约风险。同时，在金融行业中也需要借鉴实体思维的理念，加强信用评级体系建设，提高金融机构的信用水平，促进金融与实体经济更好地协同发展。

总结起来，实体思维在风险控制中具有重要作用。通过强调风险识别和预防、注重长期稳健发展、推动金融创新与服务优化以及强调信用与诚信建设等方面，实体思维能够有效提升风险控制的能力，并为实体经济与金融之间的关系演变提供积极的引导。

1.7 实体思维对价值创造的作用

在探讨实体经济与金融之间的关系演变时，不可忽视实体思维对于价值创造所起到的重要作用。实体思维是一种注重实际产出和物质生产的思考方式，强调将资源转化为有形产品或服务，并通过这些产品或服务为社会创造价值。

1.7.1 实体思维对于发展实体经济具有积极影响

实体经济以制造业、农业、服务业等直接参与物质生产和交换的行业为基础，是一个国家经济发展的重要支撑。而实体思维着眼于提高产品质量、降低生产成本、提升技术水平等方面，可以帮助企业更好地开展创新研发和生产经营活动。通过深入研究市场需求和消费者行为，运用科学管理方法提高生产效率和资源利用率，企业能够更好地满足消费者需求，增加市场份额，并最终推动整个实体经济的发展。

1.7.2 实体思维在金融领域扮演着重要角色

金融作为实体经济的重要支持系统，通过资金的配置和流动，促进资源在经济中的优化配置。实体思维可以帮助金融机构更加准确地评估企业的实际价值和潜力，从而更好地为实体经济提供融资服务。通过深入了解企业的生产能力、市场竞争力等方面，并将这些信息纳入金融决策过程，金融机构能够更好地判断风险和回报的平衡点，提供符合实体经济需求的融资产品和服务。

1.7.3 实体思维对于推动企业创新发展具有重要作用

实体经济与创新密不可分，而实体思维强调以产品和技术创新为核心，注重将科技成果转化为实际应用并产生经济效益。通过培养员工注重质量、效率和创新意识，激发他们参与研发、改进工艺流程等方面的积极性和创造力，企业能够更好地抓住市场机遇、应对竞争挑战，并不断推动自身发展。

总结起来，实体思维对于价值创造具有重要作用，既促进了实体经济的发展，又提供了金融支持和推动企业创新。在当前经济形势下，我们应该重视实体思维的培养和应用，在实践中不断强化实体经济与金融之间的紧密联系，为经济社会可持续发展作出更大贡献。

二、基于实体思维的路径选择与策略推进

在实体经济与金融之间的关系演变过程中，基于实体思维的路径选择和策略推进起着重要作用。实体思维是指以实体经济为核心，注重产业发展、创新驱动和可持续发展的思维方式。下面重点探讨如何运用实体思维来选择路径并推进相关策略。

2.1 路径选择的原则

2.1.1 优先发展产业实体

在路径选择时，应优先考虑发展产业实体。产业实体是经济增长的基础，其发展对于提高国家竞争力和人民生活水平至关重要。通过加大对产业实体的投资和支持，可以促进技术创新、提升产品质量和降低生产成本。

2.1.2 坚持创新驱动

创新是实现可持续发展的关键。在路径选择中，应坚持创新驱动战略，鼓励企业加大研发投入，培育科技创新人才，并建立良好的创新生态系统。通过不断推动科技创新，可以培育出更多具有竞争力的企业和产品，提高实体经济的核心竞争力。

2.1.3 注重可持续发展

路径选择时应注重实现可持续发展。可持续发展不仅包括经济效益，还要考虑社会效益和环境效益。在发展实体经济的过程中，需要注重生态

环境保护、资源节约利用和社会责任履行，避免产生负面影响。

2.2 策略推进的途径

2.2.1 完善金融服务体系

为了推进实体经济的发展，需要建立完善的金融服务体系。金融机构应加大对实体经济的支持力度，提供多样化的金融产品和服务，并降低企业融资成本。同时，还需加强风险管理能力，防范金融风险。

2.2.2 加强政府引导和政策支持

政府在路径选择和策略推进中扮演着重要角色。应加强对实体经济的引导和支持，出台相关政策措施，为企业创造良好的营商环境。政府还可以通过减税降费、优惠贷款等方式来鼓励企业投资和创新。

2.2.3 加强产学研合作

产学研合作是推进实体经济发展的重要途径。企业、高校和科研机构可以加强合作，共同开展技术研发和转化，提高科技成果的转化率。通过加强产学研合作，可以促进科技创新和人才培养，推动实体经济向高质量发展。

2.2.4 推动国际合作与交流

在路径选择和策略推进中，国际合作与交流具有重要意义。可以借鉴国外先进经验和技术，吸引外资和技术引进，并积极参与全球价值链分工。通过推动国际合作与交流，可以拓展市场空间，提升企业竞争力。

总之，在实体经济与金融关系演变过程中，基于实体思维的路径选择与策略推进至关重要。遵循优先发展产业实体、坚持创新驱动和注重可持续发展的原则，同时完善金融服务体系、加强政府引导和政策支持、加强产学研合作以及推动国际合作与交流等途径，将有助于推动实体经济健康发展。

三、以实体思维重新审视金融工具的作用

3.1 企业的融资需求及金融工具使用

3.1.1 初创期融资

初创企业通常需要融资来支持产品研发、市场推广和初期运营等方面。这种融资通常以风险投资、天使投资或种子轮融资的形式进行。

3.1.2 扩张期融资

企业在扩大规模、进入新市场或推出新产品时需要额外的资金支持。这种融资通常以风险投资、私募股权或债务融资的形式进行。

3.1.3 运营周转融资

企业为了满足日常经营所需，如支付供应商款项、管理现金流等，可能需要短期的运营周转融资，如银行贷款、保理和票据贴现等。

3.1.4 资本支出融资

当企业需要购买设备、机器或其他固定资产时，可以通过融资租赁或分期购买付款等方式进行长期融资。

3.1.5 资产重组与收购融资

当企业考虑进行重组、合并或收购其他公司时，可能需要额外的融资来支持交易。这种类型的融资通常以股权或债务形式进行。

3.1.6 上市融资

当企业达到一定规模和发展阶段时，可以选择通过股票市场上市融

资，如首次公开发行（IPO）或再融资等。

3.1.7 债务重组

企业可能需要进行债务重组以改善财务状况和偿债能力。这种融资需求通常涉及与债权人协商、延长还款期限、降低利率等方式。

3.1.8 研发与创新融资

对于科技型企业或依赖于研发创新的企业，可能需要融资来支持研发项目、技术开发或专利申请等方面。

3.1.9 国际化拓展融资

当企业计划进入国际市场或扩大海外业务时，可能需要额外的融资来支持跨境交易、设立海外分支机构等。

3.1.10 内部股权激励

为了激励员工和留住核心人才，企业可能会通过股票期权、股份购买计划等方式来进行内部股权激励，并提供相应的融资支持。

3.1.11 环保与可持续发展融资

随着环保和可持续发展意识的提高，一些企业可能需要融资来支持环保项目、绿色能源发展等，以满足社会和法律法规的要求。

3.1.12 债券

债券是一种常见的金融工具，它可以为企业提供稳定且相对廉价的长期资金。通过发行债券，企业可以从投资者那里筹集到大量资金，并以约定的利率和期限进行偿还。这使得企业能够更好地规划资本结构和项目投资。债券市场也提供了丰富多样的选择，例如可转换债券、零息债券等。这些不同类型的债券可以根据企业需求进行灵活配置，以满足不同阶段和不同目标下的融资需求。

3.1.13 股票

股票作为另一种重要的金融工具，不仅可以为企业提供资金，还能够激励和奖励关键员工，并扩大持有者基础。通过发行股票，企业可以吸引投资者购买公司的股份，从而增加资本和扩大业务规模。此外，股票可以用于激励员工。通过员工持有公司股票或分配股权期权等方式，企业能够与员工形成利益共享关系，激发员工积极性和创造力。这种激励机制既能够留住优秀人才，又能够增加企业的竞争力。

3.1.14 应收账款融资

应收账款融资是一种常见的企业融资方式，通过将应收账款转让给保理公司或其他金融机构，获取即时资金。这种方式可以帮助企业解决短期资金周转问题。

3.1.15 衍生品

衍生品是一类金融合约，其价值来源于标的资产（如商品、货币、股票等）的变动。它们包括期货合约、期权合约等多种形式。衍生品市场提供了灵活多样的交易策略，使得企业能够更好地管理风险和利用市场机会。例如，在面临汇率波动风险的情况下，企业可以使用外汇期货或远期合约进行套保操作；在预计价格上涨时，可以购买商品期货进行锁定价格。此外，期权合约也可以用于灵活地进行投资组合调整和对冲操作。

3.1.16 保险

保险是一种传统的金融工具，它可以帮助企业规避各种风险，并在发生意外事件时提供经济支持。企业可以购买各类商业保险，如财产保险、责任保险等，以减轻损失和承担法律责任。保险可以作为一种战略性工具来应对不可预见的风险。例如，企业可以购买业务中断保险来应对自然灾害或其他突发事件导致的生产中断。这样的安全储备能够帮助企业更好地恢复运营并减少损失。

综上所述，不同类型的融资需求可能涉及不同的融资方案和金融工具。产业金融机构要充分结合融资企业的财务状况、风险承受能力、市场环境等因素，并与专业金融机构或顾问进行咨询和评估，以选择最适合的融资方式。

3.2 金融工具的组合拳是产业金融创新与变革的主要金融手段

在产业金融领域，金融工具的组合拳被视为实现创新与变革的主要金融手段。通过灵活运用各种金融工具，可以有效促进资源配置、提升风险管理能力、推动技术创新，并为企业发展提供更多的资金支持。

3.2.1 优化资源配置，实现产业结构升级

随着经济发展进入新时代，传统产业需要进行转型升级以适应市场需求。而金融工具如股权投资、债权融资等可以帮助企业在转型过程中快速获取资本支持，加速技术研发和市场拓展。同时，通过差异化的金融产品设计和定制化服务，也能够满足不同行业、不同阶段企业的特殊需求，进一步提高资源配置效率。

3.2.2 增强风险管理能力，减少企业经营风险

在当前复杂多变的市场环境下，企业面临着各种风险挑战，如市场风险、信用风险、流动性风险等。通过运用金融工具如衍生品、保险等进行风险管理，企业可以有效规避和转移风险，减少经营不确定性对企业的影响。此外，金融工具可以提供更加灵活多样的融资方式，帮助企业应对资金需求的变化，提高企业抗风险能力。

3.2.3 推动技术创新，实现产业变革

随着科技的不断进步和应用创新，传统产业需要借助金融工具来推动技术创新，并实现产业升级与变革。例如，通过引入风险投资、科技股权

交易等金融工具来支持科技型企业的发展，促进科技成果转化和商业化应用。此外，在大数据、人工智能等前沿领域，金融工具也可以提供必要的资金支持和风险管理手段，激发企业在技术创新方面的活力。

综上所述，金融工具的组合拳是产业金融创新与变革的主要手段和策略。通过优化资源配置、增强风险管理能力和推动技术创新，金融工具可以为企业提供更多的资金支持和风险保障，促进产业结构升级和转型发展。在未来，随着金融科技的不断发展和应用创新，金融工具的组合拳将会更加多样化和个性化，为产业金融创新与变革注入新的活力。

四、政策建议

4.1 加强实体经济与金融机构合作的政策支持

在实施产业金融创新与变革的过程中，加强实体经济与金融机构之间的合作是至关重要的。通过深化合作，可以促进资金流动、提升风险管理能力，并推动实体经济发展和金融机构创新。为了实现这一目标，我们提出以下政策建议：

4.1.1 建立多层次、多元化的融资渠道

为了满足不同规模和发展阶段企业的资金需求，应建立多层次、多元化的融资渠道。政府可以通过设立专门基金，引导社会资本投向实体经济领域，并鼓励金融机构创新产品和服务，满足企业不同阶段的资金需求。

4.1.2 优化信贷政策，降低中小微企业融资成本

中小微企业是实体经济的重要组成部分，但由于其规模较小、信息透

明度低等因素，常常面临着较高的融资成本。为了降低中小微企业的融资难度和成本，在信贷政策方面，可以采取一系列措施，如降低利率、减少担保要求、提供贴息等，从而激励金融机构加大对中小微企业的支持力度。

4.1.3 推进科技创新与金融融合发展

科技创新是实施产业金融创新与变革的重要驱动力。政府应加大对科技创新的支持力度，鼓励金融机构与科技企业合作，共同推进科技成果转化和产业化。同时，还可以通过建立风险投资基金和股权投资市场等方式，促进科技型企业的发展，并为其提供更多的融资渠道。

4.1.4 完善法律法规，加强风险防控

在加强实体经济与金融机构合作的过程中，必须重视风险防控工作。政府应完善相关法律法规，建立健全风险防控机制，并严格监管金融机构的行为。同时，还应加强信息披露制度建设，提高市场透明度，减少信息不对称带来的风险。

总之，在实施产业金融创新与变革的过程中，加强实体经济与金融机构合作是关键。通过建立多层次、多元化的融资渠道，优化信贷政策，推进科技创新与金融融合发展以及完善法律法规和风险防控机制等政策支持，可以促进实体经济与金融机构的良性互动，推动产业金融创新和变革取得更好的成果。

4.2 完善监管制度，促进创新和风险防控并重

在实施产业金融创新与变革的过程中，完善监管制度是非常重要的一环。只有通过建立健全监管机制，才能保障金融创新的顺利进行，并同时防范和控制相关风险。下面提出一些政策建议，旨在完善监管制度，以促

进产业金融创新和风险防控并重。

4.2.1 加强监管部门的专业能力和技术手段

随着产业金融创新的不断推进，监管部门需要具备深厚的专业知识和技术能力，才能更好地理解和评估各种金融产品和服务的风险特征。因此，在培养人才方面应该加大投入，并建立定期培训机制，确保监管人员能够紧跟时代发展步伐。

4.2.2 在监管政策上注重灵活性和包容性

传统的监管模式往往较为僵硬，无法适应快速变化的金融市场需求。因此，在设计监管政策时应考虑到金融创新的特点，采取更加灵活和包容的监管方式。例如，可以引入监管沙盒机制，为金融创新企业提供一定的宽松环境，并在一定期限内进行实验和观察，以评估其风险水平。

4.2.3 建立健全信息披露和透明度机制

金融市场的稳定运行离不开充分的信息披露和透明度。因此，在产业金融创新中应加强对各类金融产品和服务信息的披露要求，并建立相应的信息公开平台。同时，也要加强对金融市场交易数据的监测和分析，及时发现并防范可能存在的风险。

4.2.4 加强国际合作与经验借鉴

产业金融创新是一个全球性的趋势，各国都在积极推动相关政策措施。因此，我国应该积极参与国际合作，在经验借鉴上有所借鉴，并与其他国家共同分享监管经验。通过与其他国家开展交流与合作，可以更好地理解全球金融市场发展趋势，并从中汲取有效的监管经验，促进我国金融创新和风险防控水平的提升。

综上所述，完善监管制度是实施产业金融创新与变革的重要一环。通过加强监管部门的专业能力和技术手段、注重灵活性和包容性、建立健全的信息披露和透明度机制，以及加强国际合作与经验借鉴，可以有效促进产业金融创新和风险防控并重。这些政策建议将为我国产业金融创新提供有力支持，并推动其可持续发展。

4.3 提升金融人才培养和技术创新能力

在实施产业金融创新与变革的过程中，提升金融人才培养和技术创新能力是至关重要的一环。只有拥有高素质的金融人才和先进的技术创新能力，才能够推动产业金融的发展，并为经济转型升级提供有力支撑。因此，我们提出以下政策建议来加强对金融人才培养和技术创新能力的支持。

4.3.1 鼓励高校设立专业课程并加大对金融人才培养的投入

通过与金融机构合作，高校可以开设与产业金融相关的专业课程，并注重理论与实践相结合。同时，政府还可以提供奖学金、资助项目等激励措施，吸引更多优秀学生投身于产业金融领域。

4.3.2 建立完善的职业教育体系和培训机制

除了高校教育，职业教育也是提升金融人才培养能力的重要途径。政府可以与金融机构合作，建立职业教育体系，培养具备实践经验和专业技能的金融人才。此外，通过开展各类培训课程、研讨会等活动，不断提升金融从业人员的综合素质和专业水平。

4.3.3 加大对科研机构和企业的支持力度

科研机构和企业是技术创新的主要推动力量，在产业金融领域也不例外。政府可以加大对科研机构和企业在产业金融创新方面的资金支持，并鼓励它们加强与高校、金融机构的合作交流，共同推动技术创新。

4.3.4 加强对金融人才的引进和留用工作

通过设立优厚的待遇和福利政策，吸引海内外优秀人才来我国从事产业金融工作。同时，在制定相关政策时，要考虑到人才激励机制，为金融人才提供广阔发展空间和良好职业发展环境。

4.3.5 加强对金融人才的培训和评价机制

建立健全的金融人才培训体系，提供定期培训和进修机会，不断提升金融人才的综合素质和专业技能。同时，建立科学客观的评价机制，根据实际工作表现和职业发展潜力进行评估，并为优秀人才提供晋升通道。

通过以上政策建议的落实，我们将能够有效提升金融人才培养和技术创新能力。这将为产业金融创新与变革提供坚实基础，并推动我国经济转型升级迈上新的台阶。

五、本章小结

在本章中，我们探讨了实体思维在产业金融创新与变革中的重要性。随着科技的迅猛发展和全球经济的快速变化，产业金融面临着前所未有的机遇和挑战。

首先，我们回顾了当前全球经济形势下，特别是后疫情时期，全球经济遭受重创且复苏乏力的关键时期。这一背景使得金融回归实体经济成为当务之急。实体思维作为一种重要的理念和方法论，在这个时代尤为有意义。

其次，我们深入分析了实体思维对于产业金融创新与变革的指导作用。通过以产业为核心视角进行金融服务和创新，可以更好地满足实体经济的需求，并推动整个产业链条的协同发展。同时，实体思维还能够帮助金融机构识别行业风险、提高决策效率、促进资源配置优化等方面起到积极作用。

再次，我们还介绍了几个具体案例来阐述实体思维在实践中的应用。以产业为导向的金融创新模式，如供应链金融、科技金融和农村金融等，已经在中国得到广泛推广和应用，并取得了显著成效。

最后，我们指出了当前实体思维在实践中仍面临的一些挑战和问题。例如，由于产业链条的复杂性和金融机构对风险的担忧，实体思维在实施过程中可能会遇到一些困难。因此，我们需要加强相关政策支持和监管措施，增强各方参与者的意识和能力。

综上所述，回归实体思维是产业金融创新与变革的重要方向。通过以产业为核心视角进行金融服务和创新，可以促进实体经济发展、优化资源配置，并推动整个经济体系的协同发展。然而，在实践中仍需克服一些困难和问题，才能更好地实现实体思维的价值。

12 第 12 章 塑造产融生态：产业金融创新与变革的帕累托最优

帕累托最优理论源于意大利经济学家维尔弗雷多·帕累托提出的“帕累托改进”概念。该理论认为，在特定条件下，通过重新配置资源分配可以使至少有一方的福利得到提高而不损害其他方的福利。在产业金融创新中，追求帕累托最优意味着通过变革与创新来实现各方共赢，以促进整个产业链条的发展。

产业金融创新与变革并不是无视金融与实体的利益选择，也不是对原有的产业金融政策推倒重来。相反，它通过创新与变革探索一种最优模式，在这个模式中，金融与实体深度耦合形成了产融生态系统。

在这个选择与确定的过程中，帕累托最优理论为我们提供了一种评估和优化资源配置效率的工具和思路。通过帕累托最优理论的应用，可以找到一种使得金融与实体双方都能够获得更大利益的平衡点。

一、帕累托最优理论及其应用于产业金融创新与变革

产业金融创新与变革过程，需要充分考虑到金融机构和实体经济之间的利益关系。传统上，金融机构主要关注风险管理和利润最大化，而实体经济则注重资金支持和发展需求。然而，在帕累托最优理论的指导下，我们可以探索一种更加协同和互惠的模式。

1.1 创新与变革是为了满足多样化需求

在产业金融创新中，金融机构可以通过提供更加个性化的金融产品和服务，满足实体经济的多样化需求。例如，针对不同行业、不同规模企业的金融需求进行差异化设计，为企业提供更加灵活、定制化的金融支持。这样一来，实体经济可以更好地获取资金支持，促进其发展。

1.2 实体经济参与产业金融创新与变革

在产业金融变革中，实体经济也应积极参与金融创新过程。通过与金融机构合作或提升自身创新能力，实体经济可以更好地适应金融创新带来的变革。例如，利用大数据技术进行风险评估和预测，提高企业贷款申请成功率；探索区块链等新兴技术在供应链金融中的应用，优化资金流动效率等。

1.3 产融生态系统成为一个良性循环

在产业金融创新与变革中建立起的产融生态系统将成为一个良性循环的闭环。通过深度耦合状态下的协同作用和互惠关系，实现资源配置和价值创造的最优化。这种最优模式将推动产业发展和金融创新相互促进，实现经济的可持续发展。

1.4 帕累托最优理论的基本原理

产业金融创新和变革的目标是实现帕累托最优。帕累托最优是一种经济学概念，它描述了一种资源配置状态，即在不损害任何人利益的前提下，通过重新分配资源可以使至少有一个人或群体获得收益增加，而其他人或群体不会因此受到任何损失。帕累托最优理论的基本原理主要包括以下几个方面：

1.4.1 有效资源配置

帕累托最优强调有效资源配置的重要性。有效资源配置意味着将有限的资源分配给各个部门、企业或个人时，能够实现最大化的整体利益。通过改进产融生态系统中的金融机制和创新工具，可以更高效、更公平、更可持续地分配资源。

1.4.2 收益与成本权衡

帕累托最优原则考虑了收益与成本之间的权衡关系。在实现帕累托最优时，需要综合考虑各方面的利益和代价，并找到一种平衡点，使得资源的重新分配能够最大化整体收益。产业金融创新和变革需要在满足各方利益的基础上，通过降低成本、提高效率等手段来实现帕累托最优。

1.4.3 合作与协调

帕累托最优理论强调合作与协调的重要性。在产业金融创新和变革过程中，各方利益相关者需要加强沟通与合作，共同寻求解决方案。只有通过有效的合作与协调，才能实现资源的最优配置，并确保每个参与者都能从中受益。

1.4.4 创新与变革

帕累托最优需要通过创新和变革来实现。产业金融领域需要不断引入新的理念、技术和工具，推动传统金融模式向更为包容、灵活和适应性强的方向发展。只有通过不断创新和变革，才能更好地满足经济发展的需求，并实现帕累托最优。

综上所述，帕累托最优理论提供了一种重塑产融生态的指导原则。在产业金融创新和变革中，我们应当根据帕累托最优原则，通过有效资源配置、收益与成本权衡、合作与协调以及创新与变革等手段，实现经济系统的整体效益最大化，并促进产融生态的可持续发展。

1.5 帕累托最优在产业金融中的应用

1.5.1 产业金融创新中的帕累托最优分析

产业金融创新旨在通过整合实体经济与金融市场资源，推动产业结构升级和经济发展，同时实现金融与实体经济的良性互动。在这一过程中，帕累托最优理论提供了一个重要的指导框架，以确保创新能够达到最大化的效益。

首先，在产业金融创新中实现帕累托最优需要充分考虑各方利益和需求。传统上，金融机构主要关注风险与回报的平衡，而实体经济更加关注资金成本和融资渠道。因此，产业金融创新需要通过深入了解各方的诉求，并在创新设计中兼顾多方利益，以最大化整体效益。

其次，在产业金融创新中应用科技手段是实现帕累托最优的重要途径之一。随着信息技术的迅速发展，产业金融创新可以借助互联网、大数据、人工智能等技术手段来提升效率和精准度。例如，通过建立智能风控模型和供应链金融平台，可以更好地评估企业风险并提供定制化的融资服务，从而实现风险控制与融资需求的双赢。

再次，在推动产业金融创新中，政府也发挥着重要作用。通过出台相关政策和规范，政府可以为产业金融创新提供良好的发展环境和支持条件。例如，建立健全的监管框架、鼓励金融机构开展创新试点、促进跨部门合作等举措，可以推动产业金融创新的发展，并在实践中逐步实现帕累托最优。

最后，在产业金融创新中实现帕累托最优还需要加强风险管理和监测。创新本身具有一定的风险，因此在推动产业金融创新时需要建立有效的风险管理机制，及时识别和应对潜在风险。同时，要加强对产业金融创新效果的监测与评估，以确保创新能够持续地提供经济增长和社会福利。

总之，产业金融创新与变革的目的是重塑产融生态系统。在这一过程中，借助帕累托最优理论的指导，通过充分考虑各方利益和需求、应用科技手段、政府支持以及加强风险管理和监测等措施，可以实现产业金融创新与变革的帕累托最优效果。

1.5.2 产业金融变革中的帕累托最优模型

在产业金融领域，帕累托最优模型被广泛应用于重塑产融生态和推动创新与变革。在产业金融变革中，帕累托最优模型的应用旨在提高资源配置效率和分散风险，促进产业发展和金融创新。

首先，在产业金融变革中，帕累托最优模型可以促进资源配置效率。传统上，由于信息不对称、交易成本高等因素限制了企业获取资金的渠道和方式。然而，通过引入帕累托最优模型，可以实现更加有效的资源配置。例如，在供应链金融领域，通过将供应商与银行和企业进行连接，可以提高供应链各个环节的资金流动效率，并促进整个产业链上下游企业之间的合作与共赢。

其次，在产业金融变革中，帕累托最优模型可以实现风险分散。传统金融模式中，企业往往依赖银行等金融机构来获取资金支持，但这种方式存在单一风险和信用风险的问题。通过引入帕累托最优模型，可以通过多元化的金融产品和服务来分散风险，并提供更加灵活、个性化的融资方案。例如，通过发展债券市场和股权投资市场，企业可以选择不同类型的融资工具来满足自身需求，并实现更好的风险管理。

最后，在产业金融变革中，帕累托最优模型还可以促进产业发展和金融创新。通过利用科技手段和数据分析能力，可以建立更加精准、高效的风控体系，并为企业提供更加全面、个性化的金融服务。例如，在互联网金融领域，通过大数据分析和人工智能技术，可以对用户信用状况、消费行为等信息进行深入挖掘，并基于此开发出更加智能化的金融产品和服务。

综上所述，在产业金融变革中，帕累托最优模型具有重要意义。通过提高资源配置效率、分散风险和促进产业发展和金融创新，帕累托最优模型可以为产融生态的重塑提供有力支持。然而，需要注意的是，在应用帕累托最优模型理论时，需要考虑到各方利益的平衡和协调，以确保变革过程中不会对任何一方造成不必要的损失，从而掣肘产业金融创新与变革。

二、产融生态的特点

产融生态是指产业与金融两个领域之间相互作用和互动的综合体系，它在推动产业发展和金融创新方面起着重要的作用。产融生态具有以下几个特点：

2.1 互利共赢

产融生态强调的是产业与金融之间的良性互动关系，通过有效整合资源，实现双方的共同利益。

2.1.1 互利共赢体现在产融双方的合作关系上

产业需要金融机构提供资金支持和风险管理服务，而金融机构则依托于产业发展来获取收益。这种合作关系有助于提高企业的融资能力和创新能力，同时也为金融机构带来了更多的商机和利润空间。

2.1.2 互利共赢表现为信息共享与协同创新

在互联网背景下，产业和金融机构通过共享数据、信息和资源，可以更好地理解市场需求和行业趋势，从而进行精准的决策和投资。同时，双方也可以通过合作共同开展创新项目，推动科技进步和产业升级。

2.1.3 互利共赢需要建立在公平、透明的基础上

在产融合作中，各方应遵循市场规则和法律法规，确保交易的公正性和合法性。只有在公平竞争的环境下，才能够实现真正的互利共赢。

2.2 创新驱动

产融生态鼓励创新，促进科技与金融的深度结合。通过引入科技手段和数字化工具，提高金融服务效率和风险管理水平，也为实体经济提供更多创新型产品和服务。同时，提升整个产融生态的竞争力和可持续发展能力。

2.2.1 创新理念引领发展

在产融生态中，创新驱动的首要任务是通过引入先进的科技、理念和方法，为传统行业带来变革和突破。这种创新理念强调以市场需求为导向、技术驱动、开放合作等特点，不断推动产业升级和转型升级。例如，在金融领域，金融科技的兴起就是一种典型的创新理念引领下的产业变革。

2.2.2 科技赋能实体经济

创新驱动着科技与实体经济之间的深度融合。通过应用人工智能、大数据分析、物联网等前沿科技手段，可以提高实体经济的效率、降低成本，促进产业升级。例如，智能制造技术的应用可以实现生产过程的自动化和智能化，提高生产效率和质量。

2.2.3 创新金融模式

创新驱动催生了一系列创新的金融模式。例如，众筹、互联网金融、区块链等金融科技手段的出现，改变了传统金融行业的运作方式，为中小企业提供了更多的融资渠道和机会。这些创新金融模式不仅丰富了融资工具的选择，还降低了融资门槛，推动了产业发展。

2.2.4 创新引领风险管理

在产融生态中，创新驱动也带来了一定的风险。因此，在创新过程中必须加强风险管理和监管。通过建立健全风险评估机制、完善法律法规等手段，可以有效控制风险，保护投资者和市场利益。

2.2.5 创新合作共赢

创新驱动需要各方共同参与和合作。政府、企业、科研机构以及金融机构之间需要建立更紧密的合作关系，共同推动产融创新发展。例如，政府可以提供政策支持和资源扶持，企业可以提供市场需求和技术实践，科研机构可以提供前沿科技支持，金融机构可以提供资金支持和风险管理。

总之，创新驱动是产融生态中不可或缺的因素。它通过引领发展理念、赋能实体经济、创新金融模式等方式，推动了产业升级和转型升级。然而，在创新过程中也需要注意风险管理和合作共赢的原则，以确保创新的顺利进行并为整个产融生态带来可持续发展。

2.3 风险共担

在产融生态中，风险共担是一个重要的特点。产融生态是指产业和金融两个领域之间相互依存、相互促进的关系网络，通过合作与协同创造更大的价值。在这个生态系统中，风险共担是一种合作机制，旨在减轻单一主体承担全部风险带来的负担，并增强整个生态系统的稳定性和可持续性。

2.3.1 风险共担可以促进资源优化配置

在产融生态中，不同参与方往往具有不同的资源、能力和专长。通过风险共担机制，各方可以充分发挥自身优势，并将资源进行最优化配置。例如，在一个创新企业与投资机构合作的项目中，企业可能面临技术研发和市场推广等方面的风险，而投资机构则承担着投资回报不达预期的风险。通过共同承担风险，双方可以实现资源的有效整合和利用。

2.3.2 风险共担有助于提高信任度和合作意愿

在产融生态中，不同参与方之间往往存在信息不对称和信任缺失的问题。通过建立风险共担机制，各方能够在共同承担风险的基础上建立起相互信任和合作的关系。当各方知道自己的风险将得到分摊和减轻时，他们更愿意相互合作，共同努力解决问题，实现利益最大化。

2.3.3 风险共担有助于提高整个产融生态系统的稳定性和可持续性

在传统的金融体系中，单一主体承担全部风险可能导致系统性风险的发生，并对整个经济系统造成严重影响。而在产融生态中，通过将风险进行共享和分散，可以有效减少系统性风险，并提升整个生态系统的抗风险能力。这种稳定性和可持续性使得产融生态能够更好地应对市场波动和不确定性。

但在实践中，要实现有效的风险共担并非易事。首先是信息不对称问题，各方往往无法充分了解其他参与方所面临的具体风险情况，从而导致风险共担的难度增加。其次是利益分配问题，各方在风险共担中所承担的风险与获得的回报之间需要进行合理的平衡。最后是监管和治理机制的建立，需要明确各方在风险共担中的责任和义务，并确保其有效执行。

2.4 资本市场与实体经济融合

产融生态要求金融机构更加注重对实体经济的支持，推动资本市场与实体经济的深度融合。通过发展多层次、多样化的资本市场，提高直接融资比重，为产业发展提供更为便利和灵活的融资渠道。在产融生态中，资本市场与实体经济的融合是一个重要的方面。下面详细探讨资本市场与实体经济融合的特点及其对产融生态的影响。

2.4.1 资本市场与实体经济的关系

资本市场是指股票、债券、期货等金融工具交易的场所，它为企业提供了融资渠道，同时也为投资者提供了投资机会。实体经济则是指以生产和流通物质财富为主要活动内容的经济部门，包括制造业、服务业等。资本市场与实体经济紧密相连，相互促进发展。

2.4.2 资本市场对实体经济的支持作用

资本市场通过向企业提供直接融资和间接融资渠道，为实体经济注入了大量的资金。企业可以通过发行股票或债券等方式筹集到所需的资金，用于扩大生产规模、技术研发和市场拓展等方面。同时，上市公司还可以通过股权激励吸引人才，并提高企业的知名度和信誉度，进而带动实体经济的发展。

2.4.3 实体经济对资本市场的推动作用

实体经济的发展壮大也为资本市场提供了更多的机会。随着企业规模的扩大和业绩的增长，企业更容易在资本市场获得投资者的认可和青睐。同时，实体经济中涌现出来的新兴产业和创新型企业也为资本市场注入了新鲜血液，丰富了投资者的选择。

2.5 政策引导和监管创新

在产融生态中，政策引导和监管创新起着至关重要的作用。政策引导是指通过制定相关法律法规、政策措施等手段来引导产融活动的发展方向和方式，而监管创新则是针对产融领域的特点和需求，不断完善监管机制与方法。

2.5.1 政策引导

（1）政府角色的定位。政府在产融生态中扮演着重要角色，需要明确自身职责，并提供必要的支持与保障。一方面，政府应加强宏观调控，制定合理的产融发展规划，并为市场主体提供有利环境；另一方面，政府还应积极推动金融创新与科技发展，促进金融业务与实体经济深度融合。

（2）优化金融服务。政策引导应注重优化金融服务体系，提高金融机构对实体经济的支持力度。例如，在贷款审批方面，可以推行智能化审批系统，提高审批效率；在风险管理方面，可以建立风险补偿机制，减轻金融机构的风险压力。

（3）创新金融产品。应鼓励金融机构创新金融产品，满足不同产业和企业的融资需求。例如，可以推动发展供应链金融、绿色金融等新型金融产品，为实体经济提供多样化的融资渠道。

2.5.2 监管创新

（1）强化信息披露。监管部门应加强对产融活动的信息披露监管，确保市场信息公开透明。通过建立信息披露平台和标准化要求，可以提高市场参与者的知情权和选择权，减少不确定性。

（2）加强风险评估与防控。产融活动涉及较高的风险性，监管部门应加强对相关风险的评估与防控工作。通过建立科学合理的风险评估模型和指标体系，及时发现并处置潜在风险，在维护市场稳定和保护投资者利益方面起到重要作用。

（3）推动技术创新。随着科技发展的不断推进，监管部门应积极推动技术创新在监管领域的应用。例如，可以引入大数据、人工智能等技术手段，提高监管效能和准确性，更好地识别风险、预警风险，并及时采取相应措施。

总结起来，政策引导和监管创新是产融生态中不可或缺的环节。通过合理的政策引导，可以促进产融活动健康有序发展；而监管创新则可以提高监管水平和效能，为产融生态的稳定与可持续发展提供坚实保障。总之，产融生态具有互利共赢、创新驱动、风险共担、资本市场与实体经济融合以及政策引导和监管创新等特点。这些特点使得产业与金融之间形成一种良性循环关系，在促进经济发展和推动社会进步方面发挥着重要作用。

三、产融生态动态实践促进产业金融持续创新与变革

在产业金融领域，实践是推动创新和变革的重要驱动力。通过建立健全的产融生态系统，可以为产业金融的持续创新提供良好的环境和条件。

3.1 产融生态系统的构建

为了促进产业金融的持续创新与变革，需要建立一个完整的产融生态系统。这个生态系统包括多个参与主体，如企业、金融机构、政府部门等，并且需要形成互相合作、互利共赢的关系。同时，还需要制定相关政策和法规，为其提供支持和保障。

在当前经济转型和产业升级的背景下，构建一个健康、有序的产融生态系统对于促进产业金融的持续创新与变革至关重要。

3.1.1 政策支持与监管环境

政策支持和监管环境是构建产融生态系统的基础。政府应制定相关政策，鼓励企业加大研发投入，推动技术创新和产业升级。同时，还需要加大监管力度，规范市场秩序，防范金融风险，保障投资者权益。只有在良好的政策支持和监管环境下，才能实现产融双向互动，推动金融创新与实体经济发展相互促进。

3.1.2 合作机制与平台搭建

为了实现资源共享和优势互补，需要建立起多方合作机制和平台搭建。政府、金融机构、科研机构和企业等各方应加强沟通与合作，共同探索产融协同创新的路径。例如，可以建立专门的产融合作平台，提供金融服务和技术支持，帮助企业解决资金需求和技术难题。同时，还需要推动不同领域之间的合作，促进资源的流动和整合。

3.1.3 金融产品与服务创新

在构建产融生态系统过程中，需要不断创新金融产品与服务，满足实体经济发展的需求。金融机构应根据不同行业和企业的特点，设计出适合的金融产品，并提供个性化定制服务。此外，还可以利用科技手段推动金融创新，如人工智能、区块链等技术应用于金融领域，提高金融效率和风险管理能力。

3.1.4 风险防控与信用体系建设

在产融生态系统中，风险防控是至关重要的一环。为了有效防范风险并保护投资者权益，需要建立完善的风险管理体系和信用评估体系。金融机构应加强风险监测和评估能力，及时发现和化解潜在风险。同时，还需要建立统一的信用体系，鼓励企业诚信经营，提高市场透明度和信任度。

3.1.5 人才培养与知识产权保护

构建产融生态系统需要有专业的人才支持和知识产权保护。政府应加大对金融人才和科技人才的培养力度，提供相关培训和奖励机制，吸引更多优秀人才从事产融领域的研究与实践。同时，还需要加强知识产权保护，鼓励创新创造，并为企业提供合法、有效的知识产权保护措施。

3.2 企业参与产业金融创新

在当今经济发展的背景下，产业金融创新成为推动经济转型升级的重要驱动力。而作为产业金融创新的重要参与主体，企业扮演着不可或缺的角色。通过开展技术研发、产品创新等活动，企业可以积极推动金融服务模式的变革，实现产业金融持续创新与变革。

3.2.1 通过开展技术研发来推动金融服务模式的变革

随着科技的不断进步和应用，传统金融服务方式已经无法满足企业多样化、个性化的需求。因此，企业需要将科技与金融相结合，开展技术研发工作，以提供更加智能、高效、便捷的金融服务。例如，一些企业利用人工智能、大数据分析等技术手段来优化风控模型，提高贷款审批效率；还有一些企业利用区块链技术来改善供应链金融的透明度和安全性。这些技术研发活动不仅能够提升企业自身的竞争力，也为产业金融创新提供了新的思路和方法。

3.2.2 通过产品创新来推动金融服务模式的变革

传统的金融服务主要关注于资金供给，对于中小微企业等特定群体的需求并不完全满足。因此，企业可以根据自身实际情况和市场需求，开展产品创新活动，为特定行业、特定群体提供差异化、个性化的金融产品和服务。例如，在农村地区，一些企业推出了农村金融服务平台，通过与农民合作社合作，为农民提供种植、养殖等方面的贷款支持；在科技创新领域，一些企业开展科技创投业务，为初创企业提供风险投资和孵化服务。这些产品创新活动不仅能够满足特定群体的需求，也能够促进产业金融模式的变革和优化。

3.2.3 通过发行债券或股权融资等方式获取资金支持

随着经济的发展和企业的成长，企业需要大量的资金来支持其发展壮大。而传统的银行贷款往往无法满足企业的融资需求。因此，企业可以选择走向资本市场，在股票市场上发行股权或在债券市场上发行债券，以获取更多的资金支持。通过参与资本市场，企业不仅能够解决融资问题，还能够提高企业知名度、增强竞争力，并为产业金融创新提供更广阔的空间。

总之，在产业金融创新中，企业作为重要的参与主体具有不可替代的作用。通过开展技术研发、产品创新等活动，企业可以推动金融服务模式的变革；同时，积极参与资本市场也能为企业提供更多的资金支持和机会。

3.3 金融机构推动产业金融创新

作为金融服务的提供者，金融机构在产业金融创新中扮演着关键角色。它们通过设计创新的金融产品和服务，满足企业在不同阶段的资金需求，并帮助企业实现可持续发展。

3.3.1 根据企业的特定需求和市场情况设计金融产品

例如，针对初创期企业可能面临的资金短缺问题，金融机构可以提供创新的风险投资、股权融资等方式，帮助企业解决资本问题。对于成长期和成熟期企业，金融机构可以提供更为复杂的贷款、债券等工具，以满足其扩张和再投资需求。通过这些创新的金融产品和服务，金融机构能够与企业形成良性互动，在产业发展中发挥积极作用。

3.3.2 利用大数据、人工智能等技术手段来提高风险管理和决策能力

通过收集、分析大量的数据，金融机构可以更准确地评估企业的信用风险和市场前景，为企业提供更合适的金融产品和服务。同时，利用人工智能技术，金融机构可以实现智能化的风险管理和决策过程，提高效率和精确度。这些技术手段的运用不仅有助于金融机构更好地理解企业的需求和状况，还可以提升整个产业金融生态系统的效益。

3.3.3 通过加强与其他产业链上各参与方的合作，推动产业金融创新

例如，金融机构与科技公司、创新型企业等进行合作，共同开发基于区块链、物联网等新兴技术的金融产品和服务。通过跨界合作，金融机构能够借鉴其他行业的先进经验和技术，并将其应用到产业金融领域中。这种合作模式有助于推动产业金融创新与变革，并为企业提供更全面、多样化的支持。

综上所述，作为金融服务的提供者，金融机构在推动产业金融创新中具有重要作用：通过设计创新的金融产品和服务，满足企业不同阶段的资金需求；利用大数据、人工智能等技术手段提高风险管理和决策能力；加强与其他产业链上各参与方的合作，推动产业金融创新。这些举措将促进产业金融持续创新与变革，为企业发展提供有力支持。

3.4 产融合作共赢

在产业金融的创新与变革过程中，只有各个参与主体之间形成紧密的合作关系，才能够实现帕累托最优，推动产业金融持续创新与变革。

3.4.1 企业、金融机构和政府部门应该加强沟通与协调

产业金融涉及多个领域和利益相关方，需要各方之间进行信息共享、

政策协调等方面的合作。企业需要向金融机构提供准确的财务数据和市场前景预测，以便金融机构能够更好地评估风险并提供适当的金融服务。同时，政府部门也应积极引导企业和金融机构间的对话，为双方搭建交流平台，促进更深层次的合作。

3.4.2 建立长期稳定的合作关系是产融合作共赢的基础

企业与金融机构之间应该建立起互信互利的伙伴关系，并制定长期发展规划。双方可以通过签订战略合作协议、设立联合研发基金等方式，共同推动产业金融的创新与变革。此外，政府部门也可以提供相应的支持政策，为企业和金融机构搭建更加稳定可靠的合作平台。

3.4.3 产融合作共赢需要各方共同努力，形成良性互动的局面

企业、金融机构和政府部门都应该明确各自的责任和角色，并积极履行。企业要注重技术创新和市场拓展，提高自身实力和竞争力；金融机构要加强风险管理和产品创新，为企业提供全方位的金融服务；政府部门要出台相关政策和法规，引导产融合作向着更加健康有序的方向发展。

总结起来，产融生态动态实践是促进产业金融持续创新与变革的重要手段。通过构建健全的产融生态系统，促进企业、金融机构和政府部门的合作，可以推动产业金融不断创新，实现帕累托最优。

四、产融生态利于实体经济转型升级

在当前经济形势下，实体经济面临的不单单是融资的诉求，还有诸多挑战。全球经济形势不稳定、贸易摩擦加剧、金融市场波动频繁等，都给企业的运营和发展带来了不确定性。

各行各业的市场竞争越来越激烈，新兴科技和创新模式不断涌现，企业需要不断提升自身核心竞争力才能在市场中立于不败之地。随着科技的迅速发展，许多传统行业正在面临被新兴技术颠覆的风险。企业需要积极适应技术变革，并进行数字化转型以保持竞争力。随着环境问题的日益突出，企业需要承担更多的环境责任和压力。合规性要求、资源利用效率和碳排放等问题都对企业的可持续发展提出了挑战。再有，政府政策和法规的频繁调整也给企业带来了不确定性和困扰。企业需要密切关注政策动态，并及时调整自身经营策略以应对政策风险。为了应对各种压力，提升自身核心竞争力成为必然的选择。而在一个相互促进、相互营养的产融生态系统里，任何一方都不是孤立存在的，产融生态不仅可以解决实体经济的融资需求，还能够为其获取更多其他的信息和支持，从而推动实体经济的转型升级，形成竞争优势。

4.1 丰富融资渠道，解决融资需求

产融生态系统可以为实体经济提供更多融资渠道。传统上，实体经济主要依靠银行贷款等传统金融机构来满足其融资需求。然而，在当前金融环境下，传统金融机构对于中小微企业的信贷支持力度有限。通过建立一个开放、包容的产融生态系统，可以吸引更多非传统金融机构和投资者参与到实体经济的融资活动中来，提供更多样化、灵活性更强的融资方式，满足实体经济不同阶段的融资需求。

4.2 为实体经济提供更多信息和支持

在一个完善的产融生态系统中，各个参与主体之间形成了紧密的合作

关系。金融机构、创投机构、科技企业等不仅可以为实体经济提供资金支持，还能够向其提供市场情报、行业洞察以及专业咨询等方面的帮助。通过与这些参与主体进行合作，实体经济能够更好地了解市场动态、把握行业发展趋势，并且获取到符合自身需求的技术、人才和资源等方面的支持。

4.3 有利于推动实体经济的转型升级

在传统模式下，实体经济往往只注重产品或服务本身的开发和销售，而忽视了其他方面的创新和改进。然而，在一个相互促进、相互营养的产融生态系统中，各个参与主体之间形成了紧密的合作关系和共赢模式。金融机构可以通过金融创新产品为实体经济提供更多增值服务，创投机构可以为实体经济引入先进的科技和管理理念，科技企业可以与实体经济合作开展研发和创新。通过这种合作模式，实体经济能够更好地进行转型升级，提高自身竞争力和市场地位。

4.4 催生更多的融资需求

4.4.1 转型升级的实体经济催生更多的融资需求

随着经济环境和市场竞争的不断变化，实体经济面临着转型升级的迫切需求。这种转型升级既包括技术、管理等方面的改进，也包括产品、服务的创新与优化。然而，实体经济在进行转型升级的过程中往往需要大量资金支持，以满足各项改革所需。

一方面，实体经济转型升级带来了更多融资需求，促进了产业金融市场的增量。在传统模式下，实体经济往往依赖银行贷款来获取资金支持。

然而，在转型升级过程中，由于项目风险较高或者创新性较强等原因，传统银行贷款往往无法满足实体经济的融资需求。因此，产业金融机构应运而生，并提供了更加灵活、多样化的融资渠道。

另一方面，实体经济转型升级所带来的发展态势也推动了新的融资模式的出现和发展。例如，股权融资、债券融资、私募股权投资等非传统融资方式逐渐受到实体经济的关注和青睐。这些新的融资模式不仅能够提供更大规模的融资额度，还能够通过分散风险、引入战略投资者等方式为企业带来更多资源和支持。

4.4.2 实体经济转型升级所催生的融资需求也推动了产业金融创新与变革

产融生态系统中的各方都在积极探索和尝试新的合作模式，以满足实体经济转型升级所需的多元化、个性化融资需求。例如，银行机构与创投机构合作设立创新基金，为实体经济提供风险投资；保险公司与实体经济合作设计定制化保险产品，为其提供风险防范和保障等。

总之，转型升级对于实体经济来说是一项艰巨而迫切的任务，同时也催生了更多的融资需求。这种需求促进了产业金融市场的增量发展，并推动了产业金融创新与变革。未来，我们可以预见到产融生态系统的各方将继续在转型升级的过程中相互促进、相互受益，并为实体经济提供更多支持和帮助。可以看出，建立一个相互促进、相互作用、相互营养的产融生态系统对于实体经济的转型升级具有积极意义。通过丰富融资渠道、获取更多信息和支持，并推动创新合作模式，实体经济能够更好地应对市场竞争的挑战，推动自身转型升级，又会刺激产业金融的不断创新，并在产融生态系统中实现帕累托最优效应。

五、本章小结

本章主要探讨了塑造产融生态的重要性以及产业金融创新与变革所追求的帕累托最优状态。通过深入研究和分析，我们可以得出以下几点结论。

首先，塑造产融生态对于促进经济发展具有重要意义。传统的产业与金融之间存在着割裂和隔阂，制约了资源配置的效率和经济增长的潜力。因此，建立起一个良好的产融生态系统，能够实现资源的高效配置、提升企业竞争力、推动技术创新和优化风险管理。

其次，产业金融创新是塑造产融生态的重要手段。传统金融模式已经不能满足不断变化的经济需求和市场环境。而产业金融创新则是针对实体经济特点和需求进行设计的金融产品和服务。通过创新金融工具、开发适应性强的金融产品以及构建多层次资本市场等方式，可以有效解决企业在发展过程中面临的资金瓶颈问题。

再次，帕累托最优是产业金融创新与变革的追求目标。帕累托最优是指在给定资源条件下，通过有效的资源配置和优化经济结构，实现经济利益最大化。产业金融创新与变革旨在提高资源配置的效率，减少信息不对称和市场失灵问题，并促进企业和整个经济体系的可持续发展。

最后，在塑造产融生态过程中需要充分考虑政府、金融机构和企业等各方的角色与责任。政府应当加大监管力度，制定有利于产融结合的政策措施，推动金融机构积极参与产业发展并提供更好的金融服务。同时，企业也应当加强自身能力建设，适应市场变化并主动寻求金融创新与变革。

总之，在当前经济转型时期，塑造一个能使各方效能发挥极致的产融生态，是推动产业金融创新与变革的一项非常重要的任务。只有建立有效的合作机制、提升资源配置效率，才能够实现产业金融服务实体经济，从而实现收益的帕累托最优，这就是各方协同共生并持续获益的产融生态。

13

第13章 结　论

在本书的前几章中，我们深入探讨了产业金融创新与变革的背景、原因和影响因素。我们发现产业金融创新对于推动经济增长、促进产业升级以及优化金融服务具有重要意义。本章将对前述内容进行总结，并提出一些启示和建议。

首先，通过本书的研究可以看出，产业金融创新是推动经济转型升级的关键驱动力之一。在当前全球经济面临诸多挑战和不确定性的背景下，传统的金融模式已经难以满足实体经济发展需求。而产业金融创新通过打破传统金融与实体经济之间的壁垒，为实体经济提供更加个性化、定制化的金融服务，促进了资本流动和资源配置效率的提高。

其次，在数字经济时代背景下，科技创新是推动产业金融变革不可或缺的因素。随着互联网、人工智能、大数据等新兴技术的发展与应用，金融行业正经历着一场全面的数字化转型。产业金融创新依托于科技创新，通过引入互联网思维、数据驱动和智能化技术，打破了传统金融的时空限制，提高了金融服务效率和用户体验。

因此，我们提出几点启示和建议。首先，政府应该加大对产业金融创新的支持力度，提供良好的政策环境和市场机制，并积极引导资本向实体经济倾斜。其次，要加强合作与协同创新，在产业链上下游各个环节之间建立更加紧密的合作关系，形成全产业链金融服务体系。最后，金融机构应加强自身创新能力和风险管理能力的培养，提升服务质量和效率。

综上所述，产业金融创新与变革是当前经济发展的重要方向之一。通过对产业金融创新的深入研究，我们可以看到其在推动经济增长、促进产业升级和优化金融服务等方面的巨大潜力。然而，同时也需要认识到其中存在的风险和挑战，并积极采取相应措施加以应对。相信在各方共同努力下，以回归实体思维为目的的产业金融创新与变革，将为实体经济发展注入新的活力，并助力产业结构调整，推动经济持续健康发展。

参考文献

白芳，南海娟，张博铭，2019. 市场竞争、监管和声誉对评级行为的影响［J］. 中国证券期货（9）.

贝南德，2016. 法国银行高管谈融资租赁公正［J］. 中国公证（8）.

蔡伟强，2018. 债券投资分析系统的设计与实现［D］. 长沙：湖南大学.

陈柳钦，2002. 金融创新对金融发展的影响试析［J］. 中国煤炭经济学院学报（1）.

陈锐，2002. 企业债券市场的政府约束与市场约束选择［J］. 上海金融（6）.

陈伟，2018. 项目收益债券在供水行业中的运用［J］. 中国公用财会（4）.

陈新寰，孙长学，徐广鑫，2018. 财务公司金融风险防控探索与实践——基于神华财务公司风险管理实践煤炭经济研究［J］. 煤炭经济研究，38（5）.

崔学涛，2007. 房地产企业融资租赁研究［D］. 沈阳：东北大学.

戴丽丽，2006. 我国出口信用保险模式研究［D］. 北京：北京工商大学.

丁宏，2015. 从一则案例理解贸易术语 FOB 与 CFR［J］. 经济研究导刊（5）.

董晓林，吕沙，张惠乾，2016. 农村商业银行小微企业贷款定价研究［J］. 南京农业大学学报（社会科学版）（4）.

董晓燕，2020. 供应链金融 ABS 在医药流通企业中的应用研究——以瑞康医药为例 [D]. 武汉：中南财经政法大学.

方五一，2007. 我国商业银行业务流程再造研究 [M]. 北京：中国财政经济出版社.

冯小明，2013. 船舶融资中银行风险防范法律问题研究 [D]. 哈尔滨：哈尔滨工程大学.

傅敏珂，2016. 债券发行规模的影响因素分析 [D]. 北京：对外经济贸易大学.

付舒，2018. 支持养老金融发展的政策"目标-工具"适配性研究 [J]. 山东社会科学 (8).

高冰洁，2010. 信用证诈骗罪若干问题研究 [D]. 济南：山东大学.

龚小忠，2011. 浅析房地产财务风险及防范措施 [J]. 建筑知识：学术刊 (3).

关竞祎，2014. 刍议我国金融的创新趋势及未来前景 [J]. 经营管理者 (3).

郭田勇，2014. 金融监管学 [M]. 北京：中国金融出版社.

郝文娜，2010. 私募基金法律问题研究——以"红鼎创投案"为例 [D]. 甘肃：兰州大学.

郝晓琼，2014. JS 银行应对人民币国际化的问题及对策研究 [D]. 保定：河北大学.

郝斌，2012. 浅析金融创新对金融发展的影响 [J]. 现代商业 (33).

贺明明，2000. 商业银行风险审计研究 [D]. 天津：南开大学.

胡芸，2005. 论金融创新与金融可持续发展 [J]. 科技进步与对策 (15).

黄欣，2004. 金融创新对我国金融发展的影响 [J]. 合肥学院学报 (社会科学版) (3).

姜朝妍，石丽红，沈江，2003. 浅谈运货物保险的投保［R］. 大连：第二届海峡两岸航运科技学术研讨会.

柯江燕，2018. 跨境杠杆收购策略及财务风险分析——以艾派克杠杆收购利盟为例［D］. 广州：暨南大学.

李宝凤，2011. 数学在借贷中的应用［J］. 唐山师范学院学报（2）.

李健，1998. 金融创新与发展［M］. 北京：中国经济出版社.

李建华，2015. 产业地产的特色化运营模式研究［D］. 北京：对外经济贸易大学.

李萌，2018. NF 银行 XT 分行贷前财务风险评价研究［D］. 石家庄：河北地质大学.

李明贤，李学文，2009. 农信社贷款定价现状及对策分析［J］. 银行家（1）.

李文瑞，2019. 发展供应链金融：国内经验与甘肃实践［J］. 甘肃金融（4）.

李有星，2007. 中国证券非公开发行融资制度研究［D］. 杭州：浙江大学.

梁纪朋，张玉华，2017. 创新之路视角下的跨境电子商务发展路径研究［J］. 学术探索（9）.

刘芳，2009. 资产证券化的流动性创造机制及风险管理［D］. 北京：对外经济贸易大学.

刘芊，2020. 金融工具在企业的发展及应用［J］. 财经界（9）.

刘钊均，2017. 我国金融创新的发展趋势及其对金融发展与金融监管的影响［J］. 科技经济导刊（18）.

罗景欢，2001. 试论金融可持续发展与金融创新［J］. 商业研究（5）.

吕雷鸣，2017. 试论融资租赁助力传统制造企业转型升级［J］. 商情（41）.

满德江，2013. 构建我国新能源产业融资模式体系研究［D］. 北京：对外经济贸易大学.

孟祥阳，2013. 基于产品创新的我国企业债券市场发展研究［D］. 合肥：安徽大学.

欧光军，2005. 面向产品的集成创新管理运作方法研究［D］. 武汉：华中科技大学.

秦超，2015. 利率市场化条件下我国商业银行人民币贷款定价问题研究［D］. 成都：西南财经大学.

秦婷，2010. 浅析我国商业银行金融创新［J］. 财经界（12）.

邱燕飞，2021. 数字人民币实现跨境支付的障碍与法制路径［J］. 金融与经济（11）.

苏菲，2017. 我国信用债信用评级质量和影响因素研究［D］. 北京：对外经济贸易大学.

孙晓萌，2017. 我国公司债券信用利差的影响因素分析［D］. 济南：山东大学.

万候翔，2015. 浅谈普通股与优先股［J］. 消费导刊（6）.

汪伟兵，2003. 中国债券市场的构建与发展思路的研究［D］. 济南：对外经济贸易大学.

王静，2021. 提升产业链供应链现代化水平的共融路径研究［J］. 中南财经政法大学学报（3）.

王俊尧，2009. 证券发行中的民事责任［D］. 哈尔滨：黑龙江大学.

王淼，2018. 境外证券发行人监管的法律协调模式研究［D］. 北京：对外经济贸易大学.

王仁祥，喻平，2004. 金融创新理论研究综述［J］. 经济学动态（5）.

王祥凤，2019. 不同付费模式下信用评级差异对债券 定价的影响分析［J］. 现代商贸工业（18）.

吴姬姬，2015. 商业银行信贷风险管理的现状及其策略研究——以A银行为例［D］. 南京：东南大学.

吴雨林，2020. 互联网金融背景下徐州邮储银行个人信用消费贷款发展策略研究［D］. 北京：中国矿业大学.

武星吉，2015. 中国债券信用评级机构评级客观性问题研究——基于鹏元资信对“11超日债”的评级案例研究［D］. 成都：西南财经大学.

解方圆，2017. 项目收益债券发行定价研究［D］. 北京：北京交通大学.

谢少梅，2013. 以SHIBOR为基准利率的浮动利率债券发行定价问题研究［D］. 北京：北京大学.

熊轶唯，2019. 债券违约对评级机构评级行为的影响：更加激进或更加保守？［D］. 上海：上海师范大学.

许垚，2021. “互联网+”背景下J银行供应链金融发展策略研究［D］. 太原：山西大学.

叶颖超，2018. 可交换债券转股对公司股价影响的研究［D］. 杭州：浙江大学.

殷永平，2005，铅精矿进口定价研究［D］. 长沙：中南大学.

殷慰慰，2020. 小额贷款公司贷款风险管理与评价研究［D］. 南京：南京航空航天大学.

于光辉，2011. 跟单信用证项下相符交单与不符点问题研究［D］. 济南：山东大学.

吴建航，2014. 不同付费模式下评级结果的实证研究［D］. 上海：复旦大学.

翟相如，2020. 黑龙江省金融支持林业产业发展机理及效率评价研究［D］. 哈尔滨：东北林业大学.

张桂文，2017. 余凌曲提升金融中心的产业服务功能［J］. 开放导报（3）.

张宏博，2013. 新形势下广东中小型出口企业结算方式多元化的策略分析［J］. 国际商务财会（8）：5.

张倩，2020. 我国电商供应链金融发展与绩效研究［J］. 商业经济研究（8）.

张榕锋，裴传聪，2018. 我国金融产业集聚与产业效率结合的发展模式探究［J］. 商场现代化（9）.

张少哲，周久俊，2016. 中国评级市场被“劣币驱逐良币”机制主导了吗［J］. 贵州财经大学学报（5）.

张向菁，2006. 银行竞争力管理研究［D］. 上海：同济大学.

张晓菊，2000. 辩证地认识金融深化和金融创新［J］. 财经理论与实践（9）.

赵鹏，2016. 项目收益债券在 PPP 项目中的应用研究［D］. 重庆：重庆大学.

赵小勇，2015. 非法发行证券行为刑法规制完善研究［D］. 重庆：西南政法大学.

张月月，2017. 利率市场化对中国上市银行风险影响的研究［D］. 大连：大连理工大学.

周慧信，2005. 用证与国际贸易融资——分析与展望［J］. 经济问题探索（8）.

周睿颖，2019. 互联网供应链金融的风险管理模式与创新研究——以京东金融为例［D］. 杭州：浙江大学.

周紫敏，2019. S 银行苏州分行出口信用证业务风险管理研究［D］. 苏州：苏州大学.

朱鸣雁，2021. 债券违约对新券发行成本影响的实证研究［D］. 北京：对外经济贸易大学.

后　记

又是一个深夜，一个不眠之夜；还是干涩的眼睛，还是北京的秋天；又是万籁俱寂的空灵。还记得17年前博士论文收尾时也是一个深夜，也是在写后记，同样的感慨，不一样的是感慨的内容。忽然发现天命之年的自己还是那个不知疲倦的学生，人一旦爱上学习，就是一场奔跑，不问终点有什么，只为沿途的风景和欣赏、超越的心情，不再在意鲜花和掌声，也不再在乎有没有人与我同行，路原本就是自己的，孤单从来就不是孤独。从来就没有永远同行的人，现在我开始接受这样一个现实，于是奔跑更加笃定。

那时还在幼儿园的女儿如今已经是大三的学生了，那个在身边发出细柔鼾声的儿童已经开始一本正经地和我讨论“三观”的问题，时间恍如隔世，经历却历历在目。不知道是人生如戏还是戏如人生，今天的我又坐在书桌旁，开始为自己的第一部专著书写后记了。

感谢命运在一再锤炼后的救赎，我在半生风雨后有幸进入清华大学工作。大学是崇尚理想主义和民族责任的，置身于此，感受良多，自知多有不足，我倍加珍惜，更加努力。

在这里我可以安静地书写、想象、畅想和回忆，或兴奋，或无奈，或庆幸，或遗憾，个中体会，尽是修行，其中回想，五味杂陈。

耄耋之年的父母算是我最长时间的同路人了，他们的健康是我最大的幸福，母亲说这个年龄的人还能父母双全的，是前生修来的福气，我相信这是真的。

感恩一路走来的所有相遇，感谢所有相遇中快乐与不快乐，多年后我终于知道，无凤凰涅槃，哪有浴火重生，所有过往，皆为序章，这就是成长。

祝我的家人及朋友身体健康，祝我亲爱的女儿幸福快乐、学业有成。感谢我身边的所有人，感谢一切过往！相信产业金融经过创新与变革的凤凰涅槃一定会满血复活，救经济于危难，力挽于狂澜。

殷忧启圣，多难兴邦。每一次的灾难都是国家再次腾飞的序幕，祝愿刚刚经历肆虐疫情的中国经济快速复苏，祝福伟大的祖国永远国泰民安、国富民强！

刘鹏飞

癸卯年八月 子夜

北京

图书在版编目（CIP）数据

产业金融创新与变革 / 刘鹏飞著. -- 北京 : 中国计划出版社 : 中国市场出版社有限公司, 2024. 3

ISBN 978-7-5182-1574-4

Ⅰ. ①产… Ⅱ. ①刘… Ⅲ. ①产业发展-金融-研究-中国 Ⅳ. ①F832

中国国家版本馆 CIP 数据核字（2024）第 008152 号

产业金融创新与变革

CHANYE JINRONG CHUANGXIN YU BIANGE

著　　者： 刘鹏飞
责任编辑： 许　寒

出版发行： 中国计划出版社　中国市场出版社有限公司
社　　址： 北京市西城区月坛北小街 2 号院 3 号楼（100837）
电　　话：（010）68034118/68021338

印　　刷： 北京捷迅佳彩印刷有限公司
规　　格： 170mm×240mm　1/16
印　　张： 19. 5　　**字　　数：** 260 千字
版　　次： 2024 年 3 月第 1 版　　**印　　次：** 2024 年 3 月第 1 次印刷
书　　号： ISBN 978-7-5182-1574-4
定　　价： 78. 00 元